JN437564

정해창 수필집

천천히 살면
떠오르는 것들

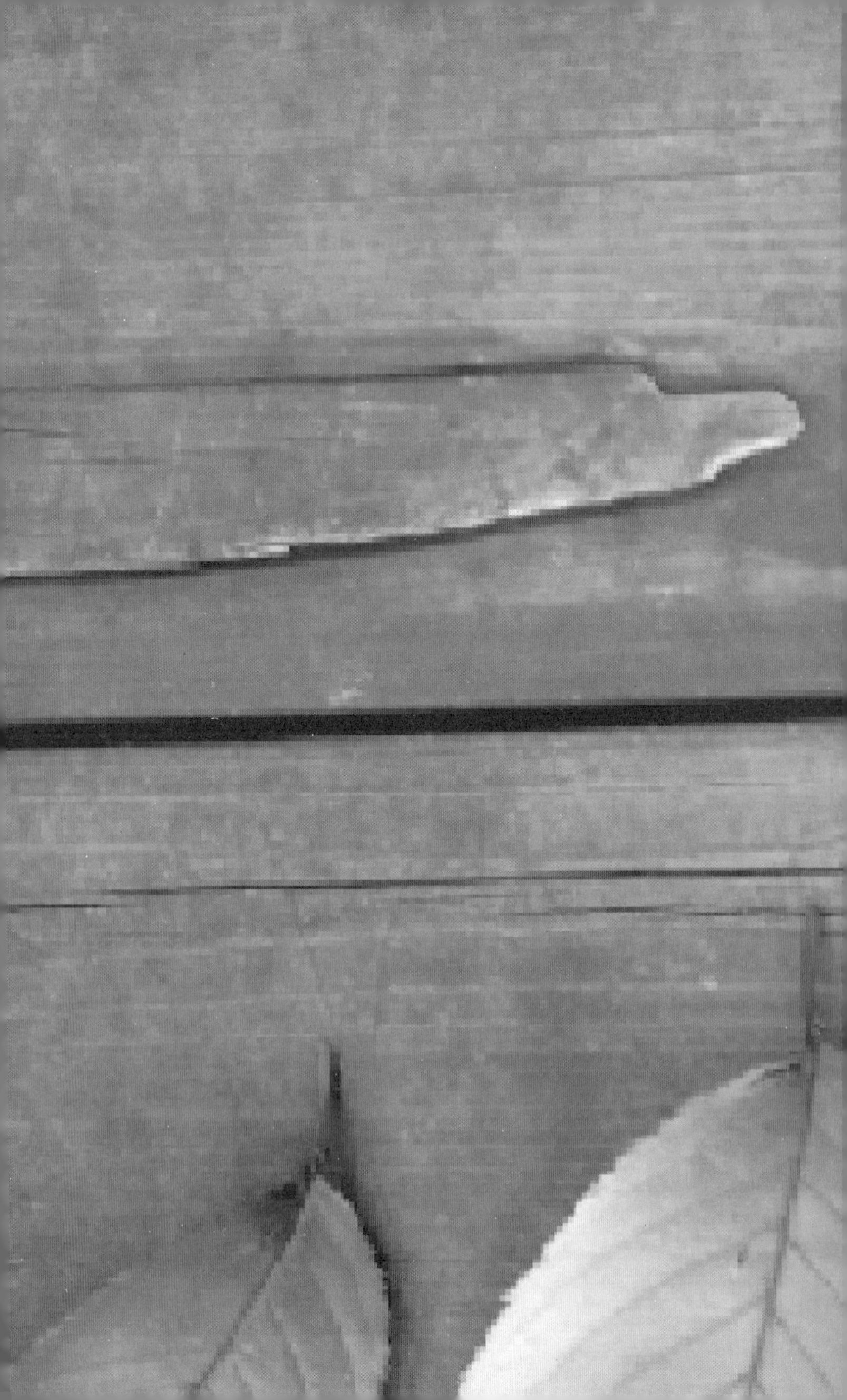

성해칭 수필집

천천히 살면 떠오르는 것들

<출간의 변>

천천히 살면서 생각나는 대로

삶은 느끼는 사람에게는 슬픔입니다.

슬픔은 외로움의 감정입니다.

어느 철학자는 절망이 죽음에 이르는 병이라고 했습니다. 외로움은 절망에 이르는 병입니다. 결국 외로움이 죽음에 이르는 병입니다. 사람들은 외로움에 들지 않으려고 의식적으로 무의식적으로 노력합니다. 살려는 의지가 발동되는 것입니다.

조그만 시골 마을 외딴 집에서 밖을 내다봅니다.

할머니들이 오늘도 어김없이 경로당으로 모여듭니다. 이곳 경로당에는 할머니들뿐입니다. 다른 곳도 마찬가지입니다. 몸이 불편한 이들을 경로당으로 떠미는 것은 살려는 의지입니다. 할머니들이 '살려는 의지'가 무엇인지 알겠습니까마는 이들은 본능적으로 외로움이 죽음에 이르는 병이라는 것을 압니다.

그렇지만 성격상 남들과 부대끼고 사는 것이 불편한 사람들도 있습니다. 외로움이 생활화된 사람은 다른 방식으로 삶이라는 슬픔을 극복합니다. 예컨대, 사색의 시간을 갖거나 책과 같은 것을 통해서 타인의 내면을 공유하는 것입니다.

사람들에게는 스스로가 원하건 원치 않건 언젠가 삶을 관조하는 시간이 다가오게 되어 있습니다. 어떤 사람은 그 시간이 올 때 회한의 눈물을 흘립니다. 또 다른 사람은 그동안의 삶을 회상하며 혼자만의 미소를 짓기도 합니다. 그럴 때면 과거는 있는 그대로 그에게 다가갑니다. 기억에서 지우고 싶거나 아쉬웠던 일도 있을 것입니다.

그러나 과거는 돌이키거나 포장될 수 없습니다.

포장된 과거는 위선일 뿐입니다.

주마등처럼 가물거리는, 그래서 가까운 미래에 곧 사라져 버릴지도 모를 옛 이야기나 생각들을 그냥 내버려두자니 안타까운 마음이 들었습니다. 그래서 하나둘 생각나는 대로 써보았습니다. 이것은 타인의 공감을 얻어 외로움을 벗어나려는 시도입니다. 살려는 의지의 발현입니다. 그렇지만 글을 통해 타인을 감동케 하거나 감화하려는 의도는 애당초 없었습니다. 과장이나 미문으로 포장할 생각은 더더욱 없었습니다. 다만 가장 꾸밈없는 것이 가장 공감될 수 있는 것이라는 믿음에 의지하여 글을 썼습니다.

평생 철학책을 보며 살았기에 혹여 현학적 냄새라도 풍기지나 않았을까 살펴보았습니다. 한마디로 보통사람의 언어로 말하고 싶었습니다. 무히카는 보통사람처럼 말했지만 품위를 잃지 않았습니다. 보통사람의 언어가 사실은 가장 품격 있는 언어입니다.

2018년 겨울

저자

<차례>

제1장

사람을 말하다

호세 무히카(José Mujica)

아코스타(Gerhald Acosta)는 초조했다.

아직 해가 떠 있었지만 곧 어두워질 것이니 차를 얻어 타지 못하면 낭패를 당할 처지였다. 섣불리 길을 나서는 것이 아니었는데 이제 와서 딱하게 되었다. 그는 근무하던 제지공장에서 갑자기 해고되어 집으로 가는 중이었다.

집은 100km 떨어진 곳에 있었다. 버스라도 있으면 타고 가겠지만 포장도 되어 있지 않은 도로에서 그런 것을 기대할 수는 없었다. 낯선 사람의 선의를 기다려 보는 것이 그가 할 수 있는 전부였다. 차가 서른 대도 넘게 지나갔지만 아무도 그에게 신경 쓰지 않았다.

그는 자동차가 지나갈 때마다 손을 흔들면서 계속 걸어갔다. 누군가가 태워주지 않으면 한없이 걸어가야 할 판이었는데 낡은 폭스바겐과 지프차가 다가와 멈췄다. 창문이 내려가며 운전대를 잡고 있는 노인이 걱정스레 물었다.

"무슨 일이 있었기에 이런 데서 차를 타려 하는가?"

아코스타는 차에 타고 있는 두 노인을 보고 자신의 눈을 의심하지 않을 수 없었다. 두 사람은 우루과이 대통령 무히카와 그의 부인 토폴란스키(Topolansky) 상원의원이었다.

'세상에 내게 무슨 일이 생긴 거지. 대통령이 차를 세워 주다니…….'

무히카 대통령은 하루 일과를 마치고 몬테비데오 외곽 안초레나

(Anchorena)에 있는 자신의 집으로 퇴근하던 중이었다. 지프차에는 경찰관 두 명이 타고 있었다. 대통령의 경호원들이었다. 아코스타는 취업 계약이 예고도 없이 만료되어 회사를 떠나게 되었다고 했다. 그는 차를 태워준 대통령 부부에게 거듭 감사의 말을 했다. 내린 다음 대통령의 차가 보이지 않을 때까지 그 자리에 서 있다가 혼자 중얼거렸다.

'이런 한적한 곳에서 대통령의 차를 타 본 사람이 세상에 나 말고 또 누가 있을까.'

우루과이의 40대(2010-2015) 대통령 무히카는 백합꽃을 재배하여 내다파는 일을 생업으로 하던 가난한 부모에게서 태어났다. 8살 때 아버지를 여의고 강인한 어머니의 손에서 자랐다. 당시 우루과이인들, 특히 저소득 계층인 노동자 농민의 삶은 이루 말할 수 없을 정도로 피폐해 있었다.

무히카는 고등학교를 중퇴하고 어머니를 도와 생업에 매달렸다. 그래서 그는 누구보다도 우루과이 사회 밑바닥 계층의 삶을 잘 알았다. 그는 계급 없는 사회를 꿈꾸었다. 1930년 우루과이는 일인당 GDP가 세계 10위인 부국이었고 라틴아메리카의 스위스라고 불리기도 했다. 그랬던 나라가 반백년도 되기 전에 최빈국 중 하나로 전락해 버렸다.

무히카가 18세 되던 해 쿠바 혁명이 일어났다. 약관 27살의 나이에 150명의 동지들과 혁명을 시작한 카스트로는 6년 후 33살의 나이에 바티스타 정권을 무너뜨리고 사회주의 정권을 수립했다. 카스트로, 체 게바라의 사회주의 혁명은 전 세계 젊은이들의 마음을 흔들기에 충분한 사건이었다.

칼 포퍼가 말하지 않았던가.

20대에 사회주의자가 되어 보지 않은 사람은 바보(가슴이 비어있는 사람)이고 30대가 되어서도 사회주의를 고집하는 사람은 더 바보(머리가 비어 있는 사람)라고.

무히카는 카스트로의 혁명에 고무되어 반정부 무장 도시 게릴라 단체인 투파마로스(MLN-Tupamaros)에 참여했다. 이 게릴라 단체는 사탕수수 노동자와 학생이 주축이 되어 결성되었다. 도시를 중심으로 활동하게 된 까닭은 우루과이에는 게릴라들이 숨어 지낼 만한 산이 없었기 때문이다.

이들의 주된 전략은 주요 인사를 납치하여 자신들의 요구를 관철시키는 것이었다[1971년 영국대사 잭슨(Geoffrey Jackson)은 이들에게 8개월간이나 납치되어 있었다]. 점차 투쟁 자금을 마련하기 위해서 은행을 털기도 하고 경찰과 총격전을 벌이기도 했다. 그러나 이들은 사적 이해관계를 위해서 싸우지 않았기에 타임지는 이들을 로빈 후드 게릴라라고 불렀다.

무히카는 여러 차례 투옥되었고 또 탈옥했다. 교도소는 당시 우루과이의 현실처럼 허술했다. 어느 날 카페에서 맥주를 마시고 있는 그를 알아본 사람의 신고로 출동한 경찰과 총격전을 벌인 끝에 여섯 발의 총탄을 맞고 체포되었다. 14년 형을 받고 탈옥이 불가능한 군 형무소에 수감되었다. 그는 14년의 수감 기간 중 12년 동안 최악의 지하 독방에 갇혀 지냈다.

투옥된 동료들 중에는 정신이상이 되거나 수감생활을 이겨내지 못하고 사망한 사람들도 있었다. 무히카 자신도 장기간에 걸쳐 반쯤 미친

상태로 환청, 환각을 경험했다. 교도소 의사는 그에게 치료를 권했고 약을 처방해주기도 했으나 그는 약 복용을 거부하고 오로지 정신력으로 버텼다. 내적 강건함을 키우지 않으면 살아남을 수 없다는 것을 잘 알고 있었던 것이다.

가장 위험한 요주의 인물로 찍혔던 그에게 당국은 책을 읽을 최소한의 사치(?)도 허락하지 않았다. 8년이 지난 다음에야 독서를 할 수 있었지만 그가 읽을 수 있는 책들은 예를 들어 물리학과 같이 이데올로기 중립적인 것들이었다. 1985년 민주정부가 들어서면서 석방되었다.

나중에 그는 자신의 인생관이 수감 기간 중에 형성되었다고 술회한 바 있다. 형무소를 나서며 그는 빈곤을 줄이고 보다 나은 사회를 만들기 위해서는 총이 아니라 정치에 참여해야 한다는 것을 확신했다. 그리하여 그는 투파마로스를 설득하여 정치집단으로 탈바꿈시키는 데 주도적 역할을 했다. 이때 오랜 게릴라 동지였던 토폴란스키와 결혼했다.

무히카는 과거의 무력 투쟁에서 정치로 돌아섰고 빈곤층의 절대적 지지를 받았다. 그는 보통 사람의 언어로 이야기했다. 무엇보다도 그는 정치에 참여한 반정치인이었다. 정통 좌파 출신이었지만 이데올로기에 매달리지 않았다. 그는 기회 있을 때마다 자신이 보다 유연한 실용주의자임을 강조했다.

무히카는 결선 투표까지 가는 험난한 과정을 거쳐 2009년에 대통령으로 선출되었다. 보수층의 시각에서는 무장강도나 다름없었던 그의 과거 행적이 발목을 잡았기 때문이다. 처음에는 많은 사람들이 회의의 눈으로 그를 바라보았다. 그러나 대통령이 되었지만 그의 생활에는 변한 것이 없었다.

그는 정부에서 제공하는 호화스러운 대통령궁은 물론 요란한 경호도 사양하고 수도 몬테비데오 외곽 부인 소유의 허름한 농가에 살며 25년 된(1987년산) 폭스바겐 풍뎅이를 직접 운전하여 출퇴근했다. 단 두 명의 경찰관이 그를 경호했다. 침실은 하나뿐이고 손으로 빤 세탁물은 옥외의 빨래 줄에 널어 말렸다. 상수도가 설치되어 있지 않아서 잡초가 무성한 마당 한구석에서 지하수를 퍼 올려 사용했다.

사우디의 백만장자가 그의 폭스바겐을 백만 달러에 사겠다고 제안했을 때 그는 만일 이 거래가 성사된다면 판매 대금을 몽땅 무주택자들을 위한 프로그램에 기부하겠다고 했다. 그렇지만 그는 임기 내내 이 폭스바겐을 타고 다녔다. 세계적인 기타리스트가 값비싼 기타를 선물했을 때 그는 이것을 경매에 붙여 미혼모를 위한 단체에 기부했다.

무히카는 대통령 전용기 대신에 여러 대의 의료용 헬기를 사는 결정을 내리는 것은 전혀 어려운 일이 아니라고 말했다. 넥타이, 정장을 싫어해서 점퍼 차림에 샌들을 신고 각료 회의에 참석하거나 주요 인사들을 만났다. 그는 월급의 90퍼센트를 미혼모, 소상공인을 돕는 자선단체에 기부했다. 그렇게 하고 남는 돈은 우루과이 사람들의 평균 소득과 비슷했다. 사람들은 그를 세계에서 가장 가난한 대통령이라고 불렀다.

그가 정말 세계에서 가장 가난한 대통령이었을까.

매스컴을 통해 보는 세계의 대통령이나 총리는 예외 없이 크고 화려한 관저에 산다. 물론 그 관저는 경호 인력에 둘러싸여 있고 대통령이 바깥출입을 하면 그 동선(動線)에 따라 주변은 전면 통제된다. 미국 대통령의 행렬을 보고 있노라면 그는 정말 다른 세상에 사는 사람이라는 느낌을 갖게 된다.

그러나 우루과이 대통령 무히카가 사는 모습은 일반인들과 조금도 다르지 않았다. 그는 이렇게 말했다.

"내가 사는 데 필요한 것은 아주 적다. 한때 매트리스 하나만 있으면 행복하리라고 생각한 적도 있었다. 나를 보고 세상에서 제일 가난한 대통령이라고 한다. 그렇지만 나는 가난하다고 느껴본 적이 없다. 가장 가난한 사람은 살기 위해서 많은 것이 필요한 사람이다. 가난한 사람은 오로지 돈이 많이 드는 생활 방식을 유지하려고 일하며 언제나 보다 많은 것을 원한다."

그리고 이렇게 덧붙인다.

"이것은 자유의 문제다. 당신이 많은 것을 소유하고 있지 않으면 당신은 그것들을 유지하기 위해서 노예처럼 평생 동안 일할 필요가 없다. 자유란 시간을 갖는 것이다. 우리가 물건을 살 때 우리는 단순히 돈을 지불하는 것이 아니라 그것을 사기 위해서 일한 시간을 지불하는 것이다. 시간은 자유다. 절제와 검소는 자유에 이르는 도구다. 대통령이라고 해서 삶의 방식을 바꿀 수는 없다. 내가 별난 늙은이로 보일지도 모르지만 이것은 내가 자유롭게 선택한 삶이다. 나는 평생 이렇게 살아왔다. 나는 내가 가진 것으로 충분히 살 수 있다."

현대사에서 유례를 찾아볼 수 없는 이런 검소한 대통령의 모습에 전 세계는 매료되고 열광했다. 수많은 신문방송이 경쟁적으로 무히카 대통령을 취재했다. 전 세계의 매스컴과 수백 번도 넘게 인터뷰를 한 그는 오히려 반문했다.

"세상에, 무엇이 그리 야단스러운가. 내가 조그만 집에서 보잘 것 없는 가구 몇 개만 갖고 산다는 것? 오래된 차를 타고 다닌다는 것? 그게 뉴스거리가 되나? 만일 그렇다면 세상은 미쳤다. 왜냐하면 정상적인 것에 놀라니까."

그는 자신의 생각대로 살고 스스로의 주인이 되는 것은 그리 어려운 일이 아니라고 했다. 나의 자유가 소중한 것처럼 다른 사람들의 자유를 존중해 주는 것에 무슨 대단한 노력이 필요한가라고 되물었다. 맞는 말이다. 우리는 그의 말대로 자신의 기준을 남에게 강요하거나 다른 사람들이 자신처럼 살 것을 기대할 때 문제가 생긴다는 것을 잘 알고 있지만 이 간단한 이치를 실천에 옮기는 것은 전혀 다른 문제인 것 같다.

무히카는 고등학교 중퇴에서 가방끈이 끊어졌지만 어느 정치가 어느 정치학자의 고답적인 설명이나 이론보다 더 단순 명쾌하게 정치를 설명한다.

"정치가는 사다리를 올라가자마자 갑자기 왕이 된다. 그게 어떻게 가능한지 나는 모른다. 그러나 나는 국가가 어느 누구도 다른 사람보다 위에 있지 않다는 것을 확실하게 해주려고 생겼다는 것은 안다. 정치가는 궁전, 붉은 카펫, '예 각하'라고 말하는 많은 사람들이 필요하다. 나는 그것이 끔찍하다고 생각한다. 대통령은 특정한 기능을 수행하기 위해서 선출된 고위공무원이다. 그는 왕이 아니다. 신도 아니다. 그는 모든 것을 알고 있는 종족의 주술사도 아니다. 그는 공무원이다. 내가 생각하기에 이상적 삶의 방식은 정치가가 봉사하고 대표하도록 되어 있는 대중처럼 사는 것이다."

민중은 '개돼지,' '들쥐' 또는 '이기적'이라고 거침없이 말하는 우리

나라의 무지몽매한 고위공직자나 정치인이 무히카를 알 턱이 있겠는가마는 그의 이런 말을 들으면 어떤 반응을 보일까. 민중이 개돼지면 그 자신은 무엇인가.

세상에 정치인보다 입에 발린 소리를 잘 하는 사람들은 없을 것이다. 그들은 마치 자신들이 최하층 서민이라도 된 듯 몸을 낮춘다. 그러나 일단 선출되고 나면 즉시 언제 그랬냐는 듯 특권층으로 돌변한다. 우리는 이런 모습에 너무나 익숙해져 있어서 그러려니 한다. 역겹지만 나라를 움직이는 것은 이들 정치인들이니 어찌할 수도 없다.

무히카가 정치인들은 극소수가 아니라 다수처럼 살아야 한다고 했을 때 그가 말하고자 했던 바는 아주 간단하다. 그것은 왜 정치가들은 호텔에서 회의를 해야 하는지, 왜 스스로 운전하면 안 되는지라는 소박한 물음에 다 들어 있다.

청문회 현장에서 벌어지는 코미디, 특히 국회의원들의 호통 치는 모습을 보면 착잡한 마음이 든다. 국회의원들은 툭하면 나는 여기 국민을 대리해서 와 있다고 말한다. 내 말은 곧 국민의 말이라는 것이다. 이걸 보고 배웠는지 지방의회 의원들도 내 말은 곧 주민의 말이니 토를 달지 말라고 한다. 참으로 웃기는 군상들이다. 정말 이들이 국민을 대리한다면 다수의 국민들처럼 소박하고 겸손하게 살아야 할 것이다.

무히카가 옹호하는 것은 원시시대 동굴의 삶이 아니다. 그는 빈곤을 찬양하지 않는다. 그가 반대하는 것은 소비가 아니라 낭비다. 소비에 몰두하는 사회는 소비가 증가하지 않으면 불행해진다. 무히카는 Rio-20 정상회담에서 다음과 같이 말했다.

“우리는 오후 내내 지속가능한 발전에 관해서 이야기하고 있다. 다수의 빈곤을 탈출시키기 위해서. 그러나 우리가 생각하는 것은 무엇인가. 여러분은 부자 나라들의 발전과 소비 모델을 원하는가. 나는 여러분에게 묻는다. 만일 인디언들이 독일인들과 똑같은 비율로 자동차를 소유하면 무슨 일이 일어날까. 우리가 마실 산소는 얼마나 남을까. 지구는 80억 명이 오늘날 부유한 나라들에서 볼 수 있는 것과 동일한 수준의 소비와 낭비를 감당할 충분한 자원을 갖고 있는가. 우리의 지구를 망치고 있는 것은 바로 이 과소비다.”

무히카는 대부분의 세계 지도자들이 성장과 소비에 대하여 맹목적으로 집착하기 때문에 마치 그 반대는 세계의 종말이라도 되는 것처럼 행동한다고 비판했다. 그의 말대로 우리는 오로지 소비하고 소비하기 위해서 태어난 것 같다. 그러니 우리가 더 이상 소비할 수 없을 때 처져 있다는 좌절감을 갖게 되는 것이다. 이게 바로 빈곤이지 빈곤이 따로 있는 것이 아니다.

무히카는 청중이 누구이건 가차 없는 솔직함을 가지고 말한다.

오바마 대통령에게는 미국인들이 마리화나를 덜 피우고 외국어를 더 배우도록 권고하고, 대학생들에게는 정당한 전쟁이라는 것은 없다고 하고, 기업가들에게는 부를 재분배하고 노동자들의 임금을 올리는 것이 보다 이익이라고 했다. 그는 마리화나, 동성결혼, 낙태에 관해서도 진보적 정책을 과감하게 시행했다. 그는 해묵은 고정관념을 깨뜨리기 위해서 누구나 알아들을 수 있는 단순명료한 언어로 이야기했다.

"변화에 대해서는 언제나 그랬다. 1913년 우리는 이혼을 우루과이 여성을 위한 권리로서 확립했다. 그때 그들이 무어라고 말했는지 아는가. 가족이 해체될 거라고. 품위 있는 매너와 사회의 종말이라고. 변화를 두려워하는 보수와 전통적 견해들은 언제나 있어 왔다. 내가 어린 시절 댄스파티에 갈 때는 언제나 양복을 입고 넥타이를 매야 했다. 그렇지 않으면 들여보내지 않았다. 오늘날 댄스파티에 옷을 차려 있고 가는 사람이 있는가."

무히카의 말을 들으며 역사를 배우는 이유가 무엇인지 생각해 보게 된다. 이마도 삶의 변화를 보려고 하는 것이 아니겠는가 멀리 소급해서 올라갈 필요도 없다. 한 세기 전의 흑백 필름 또는 반세기 전의 칼라 필름을 보면 지금은 사라진, 그러나 당시 사람들은 고수하려고 무진 매를 쓰던 관습, 관행이 덧없는 것이었음을 알 수 있다.

무히카는 사물을 아주 단순하게 본다.

아니 너무 정직하다고 할 정도로 있는 그대로 보고 말한다. 그는 아주 단순한 원리, 즉 사실들을 인정하고 거기서 출발하라는 실용주의적 접근을 옹호한다. 예컨대, 동성 결혼이나 낙태처럼 이 세상의 역사만큼이나 오래된 것을 어떻게 인위적으로 막겠는가라고 말한다. 줄리어스 시저, 알렉산더 대왕은 그 유명세 때문에 동성애자라는 사실이 잘 알려져 있지만 동성애자들의 존재는 역사만큼이나 오래된 엄연한 현실이다. 이것을 무슨 근거로 왜 막으려 하는가.

무히카는 동성결혼을 합법화하지 않는 것은 사람들을 불필요하게 고문하는 것이라고 주장했다. 그는 임신 12주 전까지의 낙태를 허용했다. 또한 마리화나 피우는 것이 제일 큰 문제는 아니라고 했다. 지금까지의 마리화나 정책은 단속 일변도였고, 지난 100년간 경찰이 마약을 다루는 방식이 오히려 범죄를 급속히 증가시켰다는 것이다. 그의 말대로 이것은 부정할 수 없는 사실이다. 마리화나를 근절시킬 수 없다면 정부가 법으로 유통을 규제하여 돈이 범죄자들의 수중으로 들어가는 것을 막는 것이 현실적인 해결책일 수 있다.

이런 인식을 근거로 무히카의 우루과이는 마리화나 재배, 소비를 법으로 규제하고 허용한 최초의 나라가 되었다. 당연히 엄청난 비난과 비판이 뒤따랐지만 그는 전혀 개의치 않았다.

그는 심지어 관타나모에서 풀려나온 수용자들을 받아들이겠다고 제안하여 어느 국가도 원치 않는 소수의 인원을 우루과이로 데려왔다. 또한 콜롬비아 정부와 ELN 반군 사이의 50년 넘은 싸움을 끝내기 위해서 중재도 자청했다. 그에게 이 싸움은 해결책이 없는 전쟁처럼 보였다. 왜냐하면 많은 고통이 있었고 해묵은 원한을 갚으려 한다면 전쟁은 끝이 없을 것이기 때문이었다. 물론 도움은 간섭이 아니다.

그는 초대받을 경우 자신의 경험을 토대로 양쪽 사이의 연락책으로서 봉사할 수 있을 것이라고 말했다. 대통령으로서 그의 목표는 소박했다. 단지 우루과이에 불의가 조금씩 줄어들도록 하는 것. 물론 그가 우루과이를 유토피아로 만들 수는 없다.

그가 바라는 것은 가장 약한 사람들을 돕는 것, 정치적 생각을 접고 공동의 선을 위하여 싸우는 것이었다.

무히카가 대통령이 되었을 때 우루과이의 빈곤층은 37%에 달했다. 5년 후 대통령직에서 물러날 때 빈곤층은 11%로 감소했다. 퇴임하는 대통령의 지지율이 70%에 육박하는 데는 다 이유가 있는 법이다. 그는 건강한 경제를 후임자에게 물려주었다.

아르헨티나와 브라질 같은 거대국가가 많은 어려움을 겪고 있는 데 비해서 우루과이 사람들의 소득은 올랐고 실업률은 현저하게 줄어들었다. 그가 후임자에게 주는 충고는 단 하나였다. 문을 두드리면 문을 열어줄 수 있는 사람이 되라는 것.

무히카의 영향력은 인구 3백만의 작은 나라의 차원을 훨씬 넘어서서 세계로 뻗치고 있다. 그는 우루과이를 창조적이고 진보적인 정부로 만들어 세계에서 가장 신명나는 실험장으로 세계지도 위에 올려놓았다.

무히카는 가장 겸손한, 가장 가난한, 가장 소박한, 가장 극단적인 정치가, 반정치가, 마지막 정치 영웅, 현대판 돈키호테, 현자 등으로 불렸다. 이 모든 호칭에도 불구하고 그를 가장 적절하게 묘사하는 말은 '보통 사람'이다. 그는 보통 사람에 불과했지만 자신이 믿는 바를 행동으로 옮긴 사람이다.

'아는 것이 힘이다!'라는 말이 있다. 얼핏 많이 알아야 한다는 말처럼 들린다. 무히카는 많이 안 사람이 아니다. 그는 보통 사람만큼만 알았고 아는 만큼 실천한 사람이다. 우리가 아는 것의 십분의 일만 실천할 수 있다면 세상은 정말 살 만한 세상이 될 것이다.

이런 자명한 이치는 오래 전 철학자들이 이미 설파한 바 있다. 플라톤에 의하면, 철인(哲人) 통치자는 지식을 사랑하고, 지성적이고 신뢰감을 줄 수 있고, 기꺼이 단순한 삶을 살고자 하는 통치자다. 마르쿠스 아우렐리우스는 그런 철인 통치자의 전형으로 거듭 인구에 회자되는 인물이다. 오늘날 철인 통치자를 찾는다면 그건 단연코 무히카일 것이다.

그는 철학자는 아니지만 자신만의 철학을 실천한 사람이었다. 그의 철학은 단순하다. 그에게 삶은 언제나 앞에 있고 태양은 매일 떠오른다. 그에게 제일 좋은 것은 언제나 아직 오지 않은 것이다. 2013년 무히카가 노벨평화상에 추천되었을 때 추천의 이유는 다른 평화상 수상자들과 달랐다. 세계 평화를 위한 어떤 괄목할만한 기여가 있었기 때문이 아니고 그 자신이 바로 보통 사람들이 갈망하는 검약, 품위, 정직성, 평화의 살아있는 증거이기 때문이었다.

무히카가 교황을 방문했을 때 세계의 매스컴들은 이 사건에 성자와 현자의 만남이라는 타이틀을 붙였다. 이 모든 수사에도 불구하고 그는 자신이 보통 사람에 지나지 않는다는 것을 잘 알고 있었다. 달리 말하자면 그는 위대한 보통사람이었다.

보통 사람 이광일

이광일은 1943년 안양에서 태어났다.

6.25 전쟁이 나던 해 그는 초등학교 2학년생이었다. 그의 가족은 전쟁을 피해 대전, 부여로 떠돌이 피난생활을 했다. 전쟁이 끝나 안양으로 돌아와 보니 학교를 같이 다니던 친구들은 이미 5학년이었다.

학교에서는 나이 많은 아이들을 위해서 '고령자' 학급을 따로 운영했다. 이 늙은 초등학생들에게는 월반이 허용되었다. 그러나 그는 '고령자' 반에 들어가지 않고 2학년으로 복귀했다. 그래서 이광일에게는 3년 차이의 두 부류 친구들이 생겼다.

세 살이나 어린 동생들과 동급생이 되었지만 그는 별 거부감 없이 양쪽과 다 잘 지냈다. 아무리 혼란스러운 시절이라고 해도 이것은 사실 쉽지 않은 상황이었다.

그러나 전쟁과 굶주림이라는 극한상황을 직접 체험한 광일은 잘 적응했다. 늘 배고픔에 시달려야 했던 그에게 이런 문제로 갈등하는 것은 사치였을는지도 모른다.

부모님이 구멍가게를 해서 식구들이 입에 거미줄을 치지는 않았지만 중학교 진학은 꿈도 꿀 수 없는 형편이었다. 나이가 많았던 탓일까. 초등학교 내내 반장을 하며 1등을 놓치지 않았던 광일이 중학교에 못 간다는 것은 참으로 안타까운 일이었다.

다행히 삼덕제지회사에 다니던 고모가 학비를 대주기로 했다. 주기도문을 외우는 조건을 내걸었지만 그건 자식이 없는 고모가 광일을 아들 삼으려는 통과 의례였다. 그렇지만 학비 문제가 해결된다고 바로 서울로 유학을 갈 수 있는 것은 아니었다. 숙식을 해결할 방법을 찾지 못하면 아무런 소용이 없었다.

서울에는 이모 한 분이 어렵게 살고 계셨다. 지푸라기라도 잡는다는 심정으로 매달린 끝에 우선은 태평로에 있는 이모네 집에 얹혀 지내기로 했다. 나중에 무슨 수를 써야겠지만 교두보를 확보한 셈이었다. 시골서 초등학교를 나온 촌놈이 서울로 유학을 간다는 것은 결코 쉬운 일이 아니었다.

중학교를 졸업할 무렵 부모님도 서울로 올라왔다. 사는 것이 팍팍하기는 여전했고 아버지는 노점상을 하며 가족을 부양하려고 애썼지만 역부족이었다. 솔직히 아버지는 여러 모로 무능한 사람이었다. 선택의 여지가 없었다. 아버지만 쳐다보고 있다가는 가족이 굶게 될 판이었다.

광일은 고등학교를 졸업할 때까지 아버지와 함께 노점상을 했다. 고등학교 3년간은 학교를 다닌 것인지 노점을 한 것인지 분간하지 못할 정도였다. 결과적으로 학교에 머물었던 절대 시간이 부족해서 친구를 사귈 기회가 없었다.

그래서 광일에게는 고등학교를 다니는 동안 남들에게는 다 만들어지는 고등학교 친구가 없다.

대체로 고등학교, 대학교 다닐 때 평생 친구가 생기는 것이 보통이다. 그러나 그에게는 친구를 사귈 시간도, 그런 문제로 고민할 여유도 없었다. 다행히 중학교 다닐 때 김영묵이 있었고 나중에 그를 통해 알게 된 김세환이 그와 평생 우정을 나누었다. 이들은 삭막하기 그지없던 그의 삶에 윤활유가 되어 주던 사람들이다.

광일과 영묵은 중학교 때 반장 부반장이었고 성적도 앞서거니 뒤서거니 했다. 둘은 함께 일류고등학교 입학시험을 치렀지만 광일은 떨어지고 영묵은 붙었다.

광일은 오랜 세월이 흐른 후 그때의 한 끗발 차이가 사람의 인생을 이렇게나 다르게 만들어 놓을 수도 있구나 하고 회고했다.

고등학교를 졸업하자마자 소집 영장이 나와 입대했다. 가족의 생계며 동생들의 학비 걱정에 군대생활의 고단함을 느낄 겨를도 없었다. 매일매일 광일은 잠자리에 들기 전에 아버지가 3년만 버텨주기를 간절히 기도했다. 남들은 빨리 졸업하고 싶어 하는 군대생활이 그에게는 아무것도 아니었다.

어느 날 그는 우연히 케네디 대통령의 연두교서를 들었다.

거기서 들은 말이 귀에 쏙 들어왔다.

"국가가 당신을 위해 무엇을 할 수 있는가를 묻지 말고 당신이 국가를 위해 무엇을 할 수 있는가를 물어봐라."

케네디의 말은 그에게 깊은 감명을 주었다. 이 말은 이후 그가 살아야 하는 이유가 되었다. 그렇다. 군대에 있는 동안은 군대에 필요한 사람이 되고 제대하면 가족에게 필요한 사람이 되자. 부모님 덕택에 이 세상에 나와 이만큼 건강하게 자란 것만으로도 커다란 복이니 이제부터는 집안에 도움이 되는 사람이 되리라.

1966년 제대하자마자 태평로에 있는 허름한 창고를 얻어서 잡화점을 시작했다. 밤낮으로 죽자 사자 일만 했다. 아침 5시에 문을 열어 밤

12시까지 하루도 쉬지 않고 일을 했다. 그렇게 2년을 보내고 나니 수중에 150만 원이 모였다.

광일이 그 돈으로 제일 먼저 한 일이 아버지에게 집을 사드린 것이었다. 수색에 있는 조그만 집이었다. 잔금을 치르고 집문서를 받은 날 그는 세상을 얻은 기분이었다. 이때부터 동생들 학비는 물론 가족의 생활을 전적으로 책임졌다. 다시 잡화점에 매달리기를 4년, 어느 정도 숨통이 트이나 했는데 점포를 내놓아야 했다.

가게 얻는 것이 마땅치 않아서 1년여 택시 운전을 했으나 그것으로는 여섯 식구의 생활이 불가능했다. 그동안 착실한 젊은이로 주변에 소문이 나서 중매가 여기저기서 들어왔다. 결혼은 꿈도 꾸어 보지 않았지만 떼밀리듯 결혼식을 올렸다.

1972년 덕수궁 바로 옆에 있는 작은 건물 지하실 입구를 임대했다. 조그만 담배 가게가 있던 자리였다. 가게랄 것도 없는 것이 담배 진열대 하나 놓고 장사하던 곳이었다. 지하실 입구를 세낸다는 것은 쉽게 떠올릴 수 없는 희한한 발상이었지만 광일은 여기서 무언가 일이 터질 것 같다는 느낌이 들었다.

너무 좁아서 두 사람이 동시에 가게를 보는 것은 불가능했다. 계단을 내려가면 조그만 보일러실이 있었다. 지나가는 사람들이 볼 수 있도록 잡화 상품을 입구에 진열해 놓았다. 공간이 너무 협소하여 앉을 자리도 마땅치 않았다. 광일은 조그만 의자를 길거리에 두고 잠간씩 앉아서 휴식을 취하곤 했다. 아내가 몇 시간 정도씩 교대 근무를 했다.

말이 잡화점이지 폭 1.5m밖에 되지 않는 비스듬한 통로에 물건을 쌓아 놓고 파는 노점상이었다. 아침 4시 통행금지가 풀리면 곧바로 가게를 열었다.

때로는 새벽 한두 시까지도 장사를 했는데 법원, 경찰서, 세무서가 바로 지척에 있었고 여기 근무하는 직원들이 늦은 밤의 주 고객이어서 그런지 통행금지 위반으로 걸리는 일은 없었다. 늦게까지 가게 문을 열어두는 것이 오히려 그들에게 고마웠을는지도 모른다.

다들 이런 열악한 환경에서 먹고 살려고 애쓰는 광일을 동정했다. 노점상에게 세금을 부과한 적이 언제 있었는지 모르지만 단골 세무서 직원은 먹고살기가 얼마나 힘이 드느냐며 위로까지 해주었다.

광일의 예감은 맞아떨어졌다.

1974년 지하철이 개통되면서 물건은 갖다놓기 무섭게 팔려나갔다. 어떤 해에는 담배 판매량 전국 1위를 해서 전매공사의 표창까지 받았다. 한국화약, 동양나일론의 여직원들은 시도 때도 없이 들러서 물건을 사갔다.

이런 일도 있었다. 단골 고객이던 효성물산의 아가씨가 물건을 사러 왔다가 가면서 “저 결혼해요.”라고 했다. 별 생각 없이 던진 말이었겠지만 광일은 이 고객에게 무엇인가 해주고 싶었다. 자리를 비울 수가 없으니 결혼식에 참석하는 것은 불가능했다.

궁리 끝에 군대에서 사진을 찍던 병사였던 동생을 보내 결혼식 사진을 찍어 주었다. 이게 여직원들 사이에서 소문이 났다. 이후 광일은 오랫동안 단골 아가씨들의 결혼식 사진을 찍어 주는 봉사를 했다. 아마도 근 백 번 정도에 이르지 않았을까 싶었다. 자연히 판매량도 엄청 늘었다. 특히 한국화약과의 거래량은 가히 폭발적이었다.

보일러실 창고에 물건을 쌓아두고 주문이 올 때마다 배달만 해주면 되었다. 이건 물건을 낱개로 파는 영세 노점상이 아니라 도매가에 물건을 떼다가 소매가에 그냥 넘기기만 하면 되는 배달 장사였다. 세상에 이런 장사도 있나.

광일은 여기에서 1992년까지 20년 간 지하실 입구를 지켰다. 그동안 형을 포함해서 두 동생들 모두 결혼시키고 집도 다 사주었다. 광일의 아내는 참다 참다 못해 어린 자식들을 놔둔 채 친정으로 가버렸다. 학비 대주고 결혼식 올려주는 것은 어쩔 수 없다 손치더라도 집까지 사주는 것은 도저히 참을 수가 없었던 것이다.

광일은 처가에 가서 아내에게 손이 발이 되도록 빌었다. 그렇지만 이게 모두 집안을 위한 일이라는 생각에는 변함이 없었다. 배고픔을 물바가지로 달래야 했던 시절을 생각하면 이 정도는 아무 것도 아니었다.

그러나 그야말로 코딱지만 한 노점 가게에서 1년 열두 달 하루도 쉬지 않고 일해서 번 돈으로 위아래 형제들 장가보내고 집 사주는 사람이 세상 어디에 또 있을까.

서울에 건축 붐이 일면서 건물이 헐리게 되어 장사를 접었다. 광일은 1992년 청소경비 용역업체를 차려 1998년까지 운영했다. 그런데 1998년은 모두에게 끔찍한 해였다. 광일도 IMF의 직격탄을 맞아 도산했다. 받을 돈을 한 푼도 받지 못했으니 줘야 할 돈도 줄 수 없었다. 결국 부도를 냈다. 부도를 내면 일단 몸을 피하고 보는 것이 보통이다.

그러나 광일은 도망치지 않았다. 물론 성난 채권자들에게 멱살을 잡힌 채 끌려 다녀서는 사태를 수습할 수가 없지만 평생 도망자의 신세로 살 수는 없는 노릇 아니겠는가. 채권자들도 그가 고의로 부도를 낸

게 아니라는 것을 잘 알았지만 딱하기는 그들도 마찬가지였다. 그들은 광일을 고발했고 곧바로 수배되었다. 그는 20년간 노점상을 하는 동안 꽤 많은 검찰청 직원들을 알게 된 터라 이들의 조언을 구했다.

이들이 일러주는 대로 하나씩 작은 것부터 처리해 나갔다. 어떤 것은 벌금으로 때우기도 하고 피치 못할 것은 재판을 받았다. 그는 검사가 조서를 꾸미기에 따라 판결이 달라질 수도 있다는 말을 듣고 성실하게 재판을 받았다. 광일의 검찰청 지인들은 그의 인간됨을 잘 알고 있었기에 모두들 발 벗고 나서서 도와주었다.

그렇게 해서 그는 IMF의 후유증을 겨우 넘겼다.

수배 중에도 먹고 살아야 했기 때문에 어렵사리 돈을 구해 창동에서 다시 잡화점을 했다. 호사다마라고 했던가. 법적인 문제를 겨우 해결하고 나니 아내가 갑상선 암에 걸려 일을 할 수 없었고 20대 초반부터 지병이 있던 막내 동생의 병환도 악화되었다.

그래도 목숨은 질긴 것인지 막내는 50대 후반까지 내내 병마와 싸우다 갔다. 광일은 30년간 막내 동생의 병수발을 들었다.

2003년 광일은 오이도로 갔다.

당시만 해도 아무도 주목하지 않던 곳이었다. 부동산 시세도 많이 낮았다. 마지막으로 남아 있던 아내 명의의 집을 담보로 은행 대출을 받았다. 그 돈으로 편의점을 겸한 민박집을 운영했다. 아내는 민박집을, 광일과 아들은 편의점을 맡았다. 5년 동안 억척스럽게 일한 끝에 3억 원을 모을 수 있었다.

그런데 평생 남편 따라 일밖에 모르던 아내가 일이 지긋지긋하다며 대포를 부르고 나자빠졌다. 돌이켜 보니 아내는 40년 동안 단 하루도 쉰 적이 없었다. 일이라면 진절머리가 날 만도 했다. 하는 수 없이 민박집과 편의점을 접었다. 주변을 살펴보니 큰 규모의 산업단지들이 들어와 있어서 유동 인구가 꽤 많았다.

광일은 처남과 동업으로 원룸 20개짜리 5층 건물을 지었다. 월세 3~40만 원짜리로 수요가 꾸준했다. 몇 년 만에 전세와 융자를 받아서 처남으로부터 독립할 수 있었다. 2012년에는 근처에 있는 아파트의 경비로 들어갔다. 아내와 자식들은 일흔 살 나이에 웬 경비냐고 말렸으나 신체 건강하고 시간 많으니 이보다 더 좋은 일자리가 없었다.

2017년 아주대 병원에서 위암과 담낭 제거 수술을 받았다. 자연히 경비 일도 그만두었다. 일흔 중반의 나이에 이르도록 쉰 적이 없었는데 처음으로 일을 놓게 된 것이다. 광일은 병실에 누워 '쉬면서' 자신은 정말 운이 좋은 사람이었다는 생각을 했다. 아무리 생각해도 아내가 아니었으면 이런 운을 지켜내지 못했을 것이다.

무엇보다도 그는 문제가 생길 때마다 곁을 지켜준 두 친구에게 감사했다. 아주대 병원 외과과장으로서 이름을 날렸던 김영묵이나 경향신문 사회부장을 한 김세환은 광일과는 전혀 다른 세계에서 살았는데도 그와 변함없는 우정을 나누었다. 필요할 때 친구가 진정한 친구라는 서양 격언처럼 광일의 삶에서 유일한 친구인 이 두 사람은 광일이 위기에 처할 때마다 구원투수로 등장했었다.

이번에도 영묵 덕택에 살았다. 그는 광일이 입원하는 동안 매일 병원에 들러 의사들을 만나고 그의 상태를 점검했다. 또한 광일은 난생 처음으로 자신이 살아온 삶의 궤적을 되돌아보는 시간을 가졌다. 쥐뿔도 없었던 사람치고는 참으로 행운이 연속적으로 따라주었던 삶이었다.

광일은 참 단순한 사람이다.

그가 살면서 변함없이 지켰던 철학도 단순 그 자체다. 그에게는 늘 오늘이 중요했다. 오늘보다 중요한 시간은 없다는 것을 삶의 좌우명으로 삼고 살았다. 그저 모든 '오늘'에 최선을 다하는 것 이외에 달리 무슨 수가 있겠는가.

오늘이 인생의 전부일 수도 있다. 물론 오늘 무슨 특별한 일이야 있겠는가. 어제 하던 일을 반복하는 일상이 있을 뿐이다. 그렇지만 같은 일을 계속 반복할 수 있다는 것이야말로 축복이 아닐 수 없다. 살면서 언제가 제일 좋았는가 묻는다면 대답은 간단하다. 언제나 좋았다.

광일은 병상에서 창문 밖을 내다보며 감사한 마음을 하늘에 전했다.

나는 맨 땅에서 시작해서 오이도의 건물 주인까지 되었다. 이보다 더한 행복이 어디 있는가. 아무리 생각해 보아도 하나님이 나를 계속해서 따라다니신 게 틀림없다. 그게 아니라면 이 행운의 인생을 어떻게 설명할 수 있을까.

하나님 감사합니다.

곰 동지

심원 김형효 교수님 정년에 즈음하여

1980년대 후반 어느 자리에서 심원 선생님의 루뱅대학 동창을 만난 적이 있었다. 수인사를 끝내자 이 분 대뜸 하시는 말씀이 "곰 동지 안녕하신가요?"라고 했다. 무슨 말인지 어리둥절 하는데 이 분이 재미있는 일화를 들려주었다.

당시 유학생들 사이에서는 심원 선생님이 도서관에 자리를 틀고 앉으면 도무지 일어날 줄을 모른다고 해서 혹시 엉덩이에 곰팡이가 생기지나 않았을까 하는 농담을 한 적이 있었다고 했다. 그래서 이들이 심원 선생님에게 붙여준 별명이 '곰'이었다는 것이다. 미련스럽게 공부만 한다고 해서 붙여진 별명이었다.

나중에 이런 말씀을 드렸더니 본인도 그런 별명이 있었다는 정도만 알고 계셨다. 선생님은 예나 지금이나 미련한 곰이다. 아마 앞으로도 계속 곰으로 남아 있으리라 믿어 의심치 않는다. 그런데 선생님의 별명이 곰이 된 것은 결코 우연이 아니다. 그만큼 선생님은 곰과 닮았다. 이제 그런 이유를 몇 가지 들어보겠다.

첫째, 곰은 미련하다고 하는데 이게 사실이라면 선생님도 미련하기로는 곰이 형님으로 모셔야 할 분이다. 20여 년을 바로 옆에서 지켜보았지만 미련하다는 말은 다소 모자랄 정도다. 일단 어떤 책이든 손에 잡으면, 선생님은 책에다 반복해서 밑줄 치고 그것도 부족해서 여백에 잔뜩 써 넣고 하여 책을 반 걸레로 만들기 일쑤였다.

불문학자인 사모님은 정반대로 책을 정갈하다고 할 정도로 깨끗하게 보신다고 했다. 가끔은 이 분이 자신을 무슨 대학입시 수험생으로 착각하고 있는 것이 아닌가 하는 의심이 들기도 했다. 학자가 공부 열심히 하는 게 무슨 이야기 거리가 되겠는가마는 선생님은 그 차원을 훨씬 넘어서 있다.

처음에는 재하자로서 면구스러운 마음이 들기도 했지만, 얼마 지나지 않아 도저히 흉내 낼 수 없다는 것을 알고는 그냥 포기했다. 흉내라도 낼라치면 스트레스가 쌓여서 내 스스로가 너무 고단해질 것 같아서였다. 그런데 사실 천성적으로 게으른 내가 선생님 덕택에 상당히 부지런해졌다. 아무리 게으르다고 해도 바로 옆에 그런 곰이 있으니 농땡이도 하루 이틀이지 시늉이라도 해야 했다.

일전에 황우석 박사가 일주일을 월화수목금금금으로 보낸다고 하는 신문 기사를 본 적이 있다. 대단히 감동적이었던 말이다. 그런데 심원 선생님에게는 이게 별스럽다거나 새로울 것도 없는 이야기다.

선생님이 대학에 다닐 때 일이라고 한다.

선생님의 백씨께서 사법시험 준비를 하고 있었는데 평소에 자신보다도 더 지독히 공부를 하는 아우를 보고 기가 막혀서 혀를 찬 적이 있었다고 한다.

"동생아 너는 우째 고시 공부하는 내보다도 그리 지독하게 하노?"

막걸리 사발을 앞에 놓고 '낭만'을 논하던 당시의 대학 분위기로 볼 때 미련한 곰이 아니고서는 불가능한 일이었으리라. 아무튼 본원 철학 전공이 한국 철학계에서 평가를 받는다면 그것은 무엇보다도 "낭만 좋아하네." 하며 낭만을 경멸했던 심원 선생님 덕이다.

둘째, 곰은 잡식성인데 심원 선생님도 곰 못지않은 잡식성이다. 선생님은 동서양의 다양한 사상들을 게걸스러울 정도로 먹어치우는 엄청난 대식가일 뿐만 아니라 위장이 튼튼하여 소화하지 못하는 것이 없다. 어떤 경우에는 상호 궁합이 잘 맞지 않아 보이는 것들도 주저하지 않고 잡수신다.

선생님이 그동안 자시고 내놓은 것들의 목록만 보아도 현기증이 날 정도다. 레비스트로스의 구조주의, 가브리엘 마르셀의 구체철학, 베르그송의 직관주의 철학, 데리다의 해체철학, 메를로 뽕띠, 마르틴 하이데가, 맹자, 순자, 노자, 원효, 율곡, 지눌, 도덕경, 불교철학 등등 앞으로 얼마나 더 많은 먹거리들을 작살낼지는 아무도 모른다.

철학 공부 좀 해 봤다고 하는 나도 어지러울 정도이니 다른 사람들이야 말할 것도 없을 것이다. 그런데 문제는 새로운 먹거리를 계속해서 내놓으니, 그걸 하나하나 맛보기만 하는 것도 당최 힘에 벅차다. 선생님께서 가장 최근에 하신 작업 중 하나 예를 들면 하이데거와 불교 유식학을 비교하는 것이었는데 이미 대단한 반향을 불러일으키고 있다.

철학을 공부하는 사람들은 누구나 둘 또는 그 이상의 철학을 비교하는 일이 얼마나 어려운지 잘 안다. 하나도 통달하기 어려운데 양쪽을 모두 꿰뚫고 있어야 하니 아무리 잘해도 본전치기가 어려운 것이 비교다. 그래서 어떤 이들은 비교철학이라는 장르는 성립할 수 없다고까지 선언하기도 했다. 그만큼 지난하다는 말이다. 하이데거와 유식학의 비교연구는 세계적으로 그 유래를 찾아볼 수 없는 심원 선생님의 역작 중 하나라고 주저 없이 말할 수 있을 것이다.

그런데 이 대식가 곰 동지께서도 잡숫지 않는 먹거리가 딱 한 가지 있는데 바로 분석철학과 같은 미국에서 유행하는 철학 사조다. 분석철학은 사실 맛이 없다 못해 먼지 가루 먹는 맛이 난다. 대체로 미각을 잃어버린 사람들이 좋아하는데 나도 젊었을 때는 별 수 없이 그걸 먹고 컸지만 너무 무미건조하여 당기지는 않는 음식이다. 그래도 어렸을 때의 입맛이라고 습관적으로 자주 먹는 편이다.

선생님은 이 먹거리에 대해서 영 식욕이 나지 않는다고 쳐다보지도 않지만 사실 그것마저 잡숴 버리면 이 불쌍한 중생이 먹을 것이 없으니 양보해 주신 것이리라 믿는다. 이 자리를 빌려서 선생님께 감사드린다.

셋째, 곰의 가장 확실한 특성 중 하나는 그 엄청난 힘이다.

심원 선생님도 힘에 관한 한 타의 추종을 불허한다. 삐쩍 마른 몸매하며 어깨는 한 쪽으로 약간 기울어져 있어서 아무리 보아도 힘 쓸 데가 있어 보이지 않는다. 그런데도 불구하고 어디에서 그런 힘이 솟아나는지 기가 찰 정도다. 한 가지 곰과 다른 점이 있다면 아무리 힘센 곰이라도 나이가 들면 허약해지게 마련인데 선생님은 나이를 먹으면 먹을수록 더욱 더 힘이 세지는 것 같다.

1980년대 중반에 이런 일이 있었다.

고등학교 철학 교재를 여섯 명이 공동 집필하는데 내가 간사를 맡았었다. 예나 지금이나 학자들의 똥고집에는 대책이 없다. 집필자 중 한 분은 자신의 원고에서 토씨 하나도 고치지 말라고 엄포를 놓았다. 심원 선생님은 당신의 철학적 입장이 물씬 풍겨나는 원고를 200매나 주셨다. 당시는 아직 육필로 쓰던 때였다. 우여곡절 고민 끝에 나는 선생님에게 다시 써줄 것을 요청했다. 선생님은 흔쾌히 받아들이시고 열흘도 안 되서 200매를 또 써주셨다. 그 원고를 받아 들던 순간 기가 질렸던 심정을 아직도 잊을 수가 없다.

"이 사람 미친 사람이구나."

지난 20여 년 동안 꽤 여러 명의 외국학자들이 이런저런 이유로 본원을 방문했었다. 철학 '종주국'에서 온 기분을 물씬 풍기며 한 수 가르치려 드는 사람도 있었다. 그럴 때면 나는 그런 분을 정중하게 심원 선생님의 연구실로 안내하곤 했다.

말이 좋아 예방이지 사실은 "한국에도 꽤 괜찮은 '물건'이 있으니 한번 붙어보라."는 생각에서였다. 심원 선생님은 '날씨' 이야기로 시간 낭비하는 것을 좋아하지 않으신다. 어떻게 학자라는 사람들이 그런 쓰잘데기 없는 이야기나 하고 있느냐고 반문하신다. 대신에 상대가 누구라도 상관없이 곧바로 맞장 뜨는 걸 너무 좋아하신다. 봐주는 법도 없다.

서양학자들은 대체로 언어에 능한 편이다. 모국어 외에 한두 개 언어는 다 한다. 물론 알파벳이나 단어가 많이 유사하기 때문에 배우기가 우리보다 훨씬 수월하다. 우리가 서양학자들과 마주앉을 때 학문적으로 꿀리지 않는 경우에도 외국어에서 딸리니 공연히 주눅이 든다. 그런데 그게 심원 선생님한테는 안 통한다. 영어면 영어, 불어, 독일어, 라틴어 어느 것을 들고 나와도 맞받아친다. 어떤 때는 손님에게 좀 미안한 마음이 들 정도로 깨져 나온 적도 있었다.

선생님의 곰 같은 힘은 19세기 영국의 역사가 토마스 칼라일에 관한 일화를 떠올리게 한다. 그가 프랑스 혁명사를 탈고했을 때 하녀가 잘못하여 원고를 아궁에 속에 넣고 말았다. 칼라일은 한동안 크게 낙담했지만, "이 칼라일의 위대함은 프랑스 혁명사를 다시 쓸 수 있다는 데 있다."고 외치며 다시 쓰기 시작하여 불후의 명작을 완성했다고 한다.

선생님께서 잠시 정치판으로 외도하신 적이 있는데 연구실로 돌아오신 후 그때의 그 '잃어버린 시간'을 두고두고 아쉬워하셨다. 선생님께서는 지나간 시간을 거슬러 메우기라도 하려는 듯 거의 매년 역작을 내놓으셨다. 마치 "김형효의 위대함은 바로 여기에 있다."고 외치기라도 하는 것 같았다.

마지막으로 곰은 코믹하다. 곰이 그 거대한 몸을 뒤뚱거리며 움직이는 모습을 보고 있노라면 마음이 누그러지는 느낌을 갖게 된다. 코믹하다는 점에서 심원 선생님도 곰에 못지않다.

솔직히 말하면 심원 선생님뿐 아니라 본원 철학 교수들도 코믹한 구석이 많은 편이다. 나는 심원 선생님과 하루가 멀다 하고 '이바구'하는데도 지루하다고 느낀 적이 없었다.

봉숭아 학당의 철학 교실이 문을 열면 훈장인 심원 선생님의 코미디가 시작되고 반장인 내가 거기에 얼쑤 하며 장단을 맞추었다. 철학과 애기들(미안, 젊은 교수들!)은 그 광경을 보면서 좋아라고 흥을 돋우었다. 다른 학문도 마찬가지겠지만 특히 철학은 그 특성상 개념을 다루기 때문에 자칫하면 분위기가 심각하고 무겁게 흐를 수 있다.

그러니 철학 담화를 재미있게 이끌어간다는 것은 곰과 같은 유머스러움이 몸에 배어 있지 않으면 불가능하다.

분위기가 이렇다 보니 이곳 철학 교수들에게는 권위의식과 같은 것은 눈을 씻고 찾아봐도 없다. 어줍지 않은 자리나 허명만 얻어도 그만 마음이 교만해지고 몸에서는 거드름이 묻어 나오는 것이 보통인데 철학 코미디 원조인 심원 선생님은 그 특유의 해학으로 즐거움을 선사하시곤 했다. 심지어는 말도 안 되는 사이비 도사들이 찾아와도 다 들어주고 격려해 주시는 것을 여러 번 보았다.

그런데 드디어 이 미련한 곰 동지에게도 한소식이 찾아오고 말았다. 60세 나이를 전후하여 자신의 평생에 걸친 화두가 '마음'이었음을 마침내 깨닫게 된 것이다. 그리고 그때부터 종래의 모습, 즉 치열한 철학 전투에서 벗어나 구도자의 입장에서 세상을 보기 시작했다.

그 무렵 지방에 있는 한 대학에서 선생님을 총장으로 모시려고 삼고초려(三顧草廬) 했으나 완곡하게 사양하시고 본격적으로 마음의 도 연마에 몰입하셨다. 이제 사실상 머리만 깍지 않았을 뿐 수도승이나 매한가지인 노대가의 이런 모습은 우리에게 철학이 무엇이고 삶은 또 무엇인지 다시 물어 보도록 하고 있다.

충신과 간신

말하노니 대대로 임금을 섬겨온 너 김익순은 듣거라.

정공은 보잘 것 없는 벼슬아치였지만 충의로써 죽지 않았는가.

....

우리 조정에도 충신 정가신이 있어

맨손으로 병란 막다가 충절을 지키며 죽었도다.

....

우리 임금 앞에서 꿇던 그 무릎으로

등을 돌려 서쪽 흉악한 도적에게 꿇었으니

....

너는 임금을 버린 날 조상 또한 버렸으니

한 번의 죽음은 오히려 가볍고 만 번 죽어 마땅하다.

....

김병연(김삿갓)은 낮잠을 자다가 홍경래 도당에게 사로잡혀 투항한 선천부사 김익순을 통렬하게 꾸짖는 글로 과거에 급제했다. 그러나 김익순이 자신의 조부였다는 사실을 알게 된 후 그는 삿갓으로 얼굴을 가린 채 방랑생활을 하다 객사했다. 그는 자신이 얼굴을 들어 감히 하늘을 바라볼 수 없는 죄인이라 생각했다.

김삿갓은 정공이나 정가신과 같은 충신은 그 공명이 가을 하늘에 밝은 태양처럼 빛날 것이고, 김익순과 같은 반역자는 역사에 기록해서 천추만대에 전해야 한다고 썼다. 그 혼이 황천에도 가지 못할 것이라 했는데 자신이 바로 그 손자로 판명되었으니 그 심정이 어땠을까.

삿갓으로 얼굴을 가린다고 달라지는 것은 없을 터이지만 그가 세상에 대하여 할 수 있는 최소한의 사죄 표시였을 것이다. 친일했던 사람들이 해방 이후 버젓이 행세하며 부귀영화를 누린 것과는 사뭇 대조되는 대목이다.

김익순의 경우는 그가 반란군에 항복했으니 간신 차원에서 이야기할 건덕지도 없다. 다만 김삿갓의 글은 충신이 어떤 사람인지 분명하게 보여주고 있다. 나라를 위해서 목숨을 초개같이 버린 사람들이 바로 충신이다. 보다 정확하게 말하자면 김삿갓의 충신은 충신 중에서도 영웅 반열에 들 수 있는 사람들이다.

김삿갓의 이야기가 아니더라도 고서를 보면 충신이나 간신에 관한 이야기, 특히 충신에 관한 일화가 심심치 않게 등장한다. 일반적으로 충신은 죽음을 무릅쓰고 나라의 위기를 구하거나 왕에게 직언하는 사람이고, 간신은 일신의 영달을 위해서 아첨을 일삼는 사람으로 묘사된다. 그러나 단순히 목숨을 건다는 것이 충신과 간신을 가르는 유일한 기준이 될 수는 없을 것이다. 왜냐하면 그럴 경우 당파 싸움하다 죽은 수많은 우리의 조상들도 충신의 반열에 들 수 있기 때문이다.

이들은 충신이기는커녕 사적 이익을 위해서 나라를 망친 사람들이다. 다 합쳐 봐야 몇 백 개에 불과한 자리를 차지하려고 죽기 살기로 싸운 것이 바로 당파 싸움이다. 오늘날에도 크게 달라지지 않았다. 차이가 있다면 자리는 많아졌고 상대편을 죽여야 할 필요까지는 없어졌다는 것이다. 그 대신 물 좋은 자리를 차지하려고 온갖 수단을 동원한다.

충신의 전형적인 예를 들라 치면 계백, 정몽주, 사육신, 이순신 같은 인물들을 쉽게 떠올릴 것이다. 이들은 사익이 아니라 나라를 위해 목숨을 바친 사람들이다.

그런데 여기에서 '나라'는 무엇인가. 왕이 나라인가, 아니면 백성이 나라인가. 나라가 오늘날의 국가를 의미한다면 나라를 위해 싸운다는 것은 백성을 위해 싸운다는 것과 같다. 그렇다면 정몽주, 사육신은 충신의 반열에서 제외해야 할는지도 모르겠다.

정몽주는 수명이 다해 가는 나라의 우매한 군주에게 충성을 바친 사람일 뿐이다. 사육신의 경우를 보자. 단종 복위를 꾀하다가 세조에게 죽임을 당한 성삼문, 박팽년 등은 만고 절개의 상징처럼 되어 있다. 이에 반해 세조에게 붙은 신숙주는 대표적인 간신으로 꼽힌다. 우리가 흔히 먹는 채소인 숙주나물의 원래 이름은 녹두 나물이라고 한다. 사람들이 얼마나 신숙주를 미워했으면 채소의 이름까지 바꿔가며 이를 갈았을까. 그는 일신의 영달을 위해서 변절한 사람으로 알려져 있지만 사실은 탁월한 능력의 명신이었다고 전해지고 있다.

사육신이 왕위를 찬탈한 수양대군에게 반기를 들었지만 이것이 조선이라는 나라 그리고 백성을 위한 것이었는지는 생각해 볼 일이다. 단지 유교적 명분에만 매달렸던 것은 아닌지.

이들보다는 오히려 당나라에서의 출세 길을 포기하고 신라로 돌아와 서남해안 일대의 해적을 평정했던 권신(權臣) 장보고나 조선 초기 4

군 6진을 개척하여 변방을 굳건히 지켰던 최윤덕을 나라를 위해 싸운 충신의 본보기라고 할 수 있을 것이다.

그런데 반드시 목숨을 바쳐야만 충신이 될 수 있을까?

왕의 말 한 마디가 법이나 다름없었던 시대에는 목숨을 걸거나 최소한 귀양살이 할 각오가 되어 있어야 나중에 충신으로 평가받을 수 있었다. 하지만 지금은 대통령도 탄핵을 당하는 판이니 직언을 하는 데 목숨까지 걸 필요는 없다. 고작해야 벼슬을 내놓으면 된다. 오늘날과 같은 법치주의 시대에는 목숨이 아니라 벼슬을 걸고 자신이 속한 단체나 나라를 위해 충언하는 사람을 충신이라고 할 수 있을 것이다.

이렇게 기준을 대폭 완화해도 충신들이 잘 눈에 띄지 않는다. 그렇다면 오늘날에는 충신이 없다는 말인가. 그렇지는 않다. 우리 주변에는 옛날처럼 충신들이 많이 있다. 다만 사회가 너무 복잡해지고 전문화되어 개개인의 행적이 잘 드러나지 않을 뿐이다. 묵묵히 자신의 임무를 성실하게 수행하는 사람들 모두가 충신이다. 간혹 이들의 살신성인하는 이야기가 매스컴에 오르면 우리는 잔잔한 감동을 받는다. 어쩌면 감동을 받고 있는 우리 자신이 충신일는지도 모른다. 소리 없는 충신들이 있기에 사회는 건강해지고 나라는 평안해진다.

그런데 문제는 충신을 적극적으로 방해하는 무리들이 있다는 것이다. 바로 간신들이다. 물론 간신들이 발을 못 붙이게 하면 되겠지만, 충신과 간신을 구별하는 것은 생각보다 쉽지 않다.

논어(論語) 자한(子罕)편에, '날씨가 추워진 이후라야 소나무와 잣나무가 다른 나무보다 뒤늦게 시든다는 것을 알게 된다.'는 구절이 나온다. 이 말은 세상이 혼탁하고 나라가 위급한 지경에 빠진 이후에야 진정한 충신과 간신을 가려낼 수 있다는 것이다.

또한 대간사충(大姦似忠)이라는 말이 있는데, 정말로 간사한 사람은 언사가 교묘하여 누구라도 그가 충신이라고 믿게 만든다는 것이다. 도둑 하나를 열 사람이 막지 못한다는 말처럼 충신 열 사람이 충신의 탈을 쓴 간신 하나를 당할 수 없다.

춘추시대 초엽, 오패(五覇)의 한 사람으로 꼽혔던 초(楚)나라 장왕은 즉위한 지 얼마 안 되서 신하들에게 앞으로 3년 동안 자신에게 간하는 자는 사형에 처하겠다고 엄포를 놓았다. 그런 다음 정사를 돌보지 않고 밤낮으로 주색잡기에 몰두했다.

이를 보다 못한 오거(五擧)와 소종(蘇從)은 죽기를 무릅쓰고 간하였다. 그런데 사실 장왕의 뜻은 다른 데 있었다. 그는 충신을 간신으로부터 가려내기 위해서 그런 방법을 사용한 것이다. 이후 그는 간신들을 척결하고 충신들을 등용하여 나라의 기틀을 바로잡았다고 한다.

이 고사가 말해주는 것처럼 옛날의 현명한 왕들은 다양한 방법을 동원하여 자신의 허물을 꾸짖어 주고 나라를 이끌어갈 중신(重臣)의 재목을 찾았다.

그런데 요즈음은 소위 코드가 맞아야 말석이라도 얻을 수 있는 모양이다. 좋게 보면 생각이 같은 사람을 찾는 것이고, 나쁘게 보면 듣기 싫은 소리는 듣지 않겠다는 것, 즉 아첨꾼을 옆에 두겠다는 것이다.

그렇게 자리를 차지했으니 이들은 옛날의 간신처럼 충신의 탈을 쓰고 얼굴을 가릴 필요가 없어졌다. 한 마디로 뻔뻔스러워진 것이다.

때로는 아첨 잘하는 것이 무슨 자랑이나 되는 것처럼 나발을 불고 다니기도 한다.

요즈음 인구에 회자되는 '처세의 달인'이라는 말은 어떤 윗사람이 오더라도 그의 심기를 잘 헤아려서 자리보전을 잘하는 사람을 가리킨다. 윗사람은 바뀌어도 본인은 늘 양지바른 자리, 더 높은 자리를 유지한다. 그는 어떤 상사가 오더라도 금방 그의 취향을 간파하여 귀를 독점해 버린다.

한 마디로 상관의 충실한 집사 노릇을 할 만반의 준비가 되어 있다.

옛날이나 지금이나 간신은 일신의 영달을 위해서는 오직 인사권을 쥔 권력자 한 사람만 잡으면 된다는 '진리'를 일찌감치 터득한 사람이다. 어리석은 통치자는 이런 처세의 달인들이 제공하는 사탕발림을 즐긴다. 그리고 이런 처세의 달인을 백년에 하나 나올까 말까 하는 인물이라고 평하기도 한다.

나라를 위해 죽어간 충신들이 통곡을 할 노릇이다. 이렇게 간신들이 득세하는 동안 나라는 시들고 백성들의 가슴은 멍이 든다.

제2장

이런저런 이야기

영어 외우기

오래 전에 석사 학위 소지자들을 상대로 사관학교 교수 요원을 선발하는 제도가 있었다.

Y는 여기에 선발되어 16주 군사 훈련을 받았다. 최고의 학벌에 인물도 웬만해서 거죽으로는 크게 흠잡을 데가 없었다. 그는 고집이 아주 셌고 늘 긴장하고 있는 듯했다. 무엇보다도 자신이 남들보다 지적으로 우월하다는 자만심에 차 있었다. 이런 사람이 '고문관' 소리를 듣게 되었으니 그런 비극이 따로 없었다.

누구나 걸을 때 오른발은 왼손과 왼발은 오른손과 짝을 맞추어 동시에 움직인다. 아기도 걷게 되는 순간부터 그렇게 걸음마를 한다. 네 발 달린 짐승도 예외 없이 오른쪽 앞다리 왼쪽 뒷다리가 동시에 나간다. 세상에 이보다 더 자연스러운 것이 어디에 있을까마는 Y에게는 그게 말처럼 쉽지가 않았다.

사건의 발단은 이랬다.

훈련 교관이 예비 장교들을 정렬시켜 놓고 '앞으로 가!'라고 명령하면 Y는 어찌된 영문인지 그만 오른발과 오른손이 같이 나가곤 했다. 교관에게 몇 차례 얻어터지고 고문관 딱지가 붙었지만 이 기괴한 행동이 고쳐지기까지는 꽤 오랜 시간이 필요했다.

그의 동료들은 그 때문에 단체기합을 받기도 했다. 훈련생들은 그를 고문관에서 '특수고문관'으로 승진시켜 조롱의 대상으로 삼으며 병영

생활의 고단함을 잠간씩 달래곤 했다.

Y로서는 참으로 기억에서 지우고 싶은 과거지만 이런 일화는 입에서 입으로 전해지며 좀처럼 없어지지 않는다. 특히 Y가 다른 사람들과 갈등이라도 생길라치면 여지없이 등장하는 것이 오른발-오른손의 신화다. Y는 나중에 이름을 대면 알 만한 교수가 되었다.

이 실화 같지 않은 실화가 보여주는 것처럼 사람들은 누구나 일정한 정도의 정신적 폐색(mental block)을 갖고 있는 것 같다.

오래 전 시골에서 중학교에 다닐 때 있었던 일이다. 영어 선생님이 아이들에게 소리 내어 읽는 학습을 시키고 있었다. 한 학생이 'I am going home'을 '아이 엠 고닝 홈'으로 읽자 선생님이 '아이 엠 고잉 홈'으로 친절하게 정정해 주었다. 선생님이 다시 읽으라고 했다. 이 학생은 여전히 '아이 엠 고닝 홈'으로 읽었다. 선생님이 꽥 소리쳤다.

'고닝'이 아니라 '고잉'

네 '고닝'요.

어라 얘 좀 보게. '고잉.'

네 '고닝.'

이 바보야 '고잉'. 다시 해 봐.

'아이 엠 고닝 홈.'

선생님은 미치겠다는 듯이 '고잉' '고잉'하며 소리쳤고 이 학생은 그때마다 화답하듯 '고닝' '고닝' 했다. 학생들이 킥킥거리는데 화가 머리끝까지 치민 선생님은 급기야 이 학생에게 '너 이 바보 XX야. 장난 치냐. 이리 나와.'

꿀밤을 몇 대 먹인 다음 선생님이 이번에는 칠판에 'doing'을 써놓고 읽으라고 했다. 이 학생은 '두닝'으로 읽었다. 선생님이 '두잉' '두잉' 소리치며 따라하라고 했다. 이 학생은 여전히 '두닝' '두닝' 했다.

그때까지 이 코미디 같은 광경을 보며 웃음을 참고 있던 아이들은 급기야 폭발했고 선생님은 꼭지가 완전히 돌아버렸다. 이 에피소드는 한동안 교내의 큰 화제 거리였다. 아이들은 '고닝' '두닝'을 노래 부르듯 입에 달고 다녔다.

다음 학기가 되면서 영어 선생님이 바뀌었다. 중년의 이 선생님은 'this'를 '지스', 'that'을 '잿또'로 발음했다. 갑자기 '댓'이 '잿또'로 바뀌어서 아이들은 혼란스러워 했다. 그 외에도 이 영어 선생님의 발음은 완전 '개판'이었다. 나중에 그것이 일본 사람에게 영어 교육을 받은 탓이라는 것을 알게 되었다.

대학원에서 원서 강독을 한 적이 있었다.

어떤 학생이 영어 문장 몇 구절을 읽는데 그만 아연실색하고 말았다. 약간 과장하면 그가 영어를 읽고 있는 것인지 아니면 독일어를 읽고 있는 것인지 헷갈릴 정도였다. 본인 말로는 형편없는 시골 학교를 다녀서 그렇게 되었다고 했다. 흥미로웠던 점은 이 학생이 지적으로 매우 뛰어난 사람이라는 사실이었다. 그는 전액 장학금을 받고 독일 유학을 가서 박사학위를 받고 돌아왔다.

영어 발음이 무슨 대수겠는가. 남의 나라 말인데 좀 틀리면 어때. 내용만 이해하면 되지. 맞다. 키신저를 보라. 그는 미국의 국무장관을 지낸 사람이지만 종종 영어를 외국인처럼 한다는 비아냥거림을 들었다. 15살 비교적 늦은 나이에 나치스를 피해 미국에 온 독일 유태인이니 극복하지 못한 발음들이 있었을 것이다. 그러나 그는 다른 것도 아니고 미국의 외교를 7년 동안이나 주물렀었다.

같은 영어라도 영국 영어와 미국 영어 발음에 차이가 있다는 것 정도는 누구나 다 알고 있다. 하물며 영어가 모국어가 아닌 사람이 다소 '어색하게' 발음하는 것이 무슨 문제인가. 그걸 흉보는 사람이 오히려 이상한 사람이다.

예전에 미국에서 공부하고 있을 때 BBC 뉴스를 들은 적이 있었다. 그때도 영어가 어렵기는 했어도 뉴스를 못 알아들을 정도는 아니었다. 그런데 웬걸 어떤 뉴스는 정말 따라가기 힘들었다. 지도교수님과 영어 발음에 대해서 이야기를 나눈 적이 있는데 당신께서도 영국 방송을 잘 알아듣지 못하는 경우가 더러 있다고 했다.

중학교 다닐 때 역사 선생님은 알렉산더 대왕을 '알렉기산더 대왕'이라고 했고 사회 선생님은 뉴욕을 '뉴뇨크'라고 했고 지리 선생님은 멕시코를 '멕키시코'라고 했지만 알아듣는 데 아무런 지장도 없었다.

같이 유학을 준비하던 한 친구가 매번 foreign을 '훨긴'으로 발음해서 신경이 거슬렸지만 혹시 자존심이라도 상할까 봐 아무 내색도 하지 않았다. 물론 요즈음처럼 영어가 점점 일상화 되어 가고 있는 때 그런 식으로 발음을 하면 놀림감이 될 것이다. 그렇지만 발음에 목숨을 걸 필요는 없다. 보다 중요한 것은 정확한 문장력이다.

내가 안양에 살고 있었을 때였다.

아들이 초등학교 4학년에 다니고 있었으니 지금부터 근 30년 전이다. 학교에서 돌아온 아들이 갑자기 영어 말하기 대회에 나가려고 하는

데 대본이 필요하다고 했다. 영어 알파벳의 'A'자도 모를 텐데 말하기 대회라니 이게 무슨 소리인가.

나는 그때까지 아들에게 영어를 가르친 적도 영어 학원에 보낸 적도 없었다. 지금이야 초등학교에서도 영어를 배우지만 그 당시만 해도 초등학생이 영어를 한다는 것은 생각할 수 없었다. 간혹 부모 따라 외국생활을 해본 극소수의 아이들이 있기는 했다.

안양만 해도 지방이라서 아들이 다니는 학교에 영어를 할 줄 아는 아이들이 있다는 이야기를 들어본 적이 없었다. 혹시 아내가 아들에게 영어 공부를 시키고 있는지 물어보았다.

아내는 아들이 그즈음 생기기 시작한 pc 방에서 게임을 하면서 단어 몇 개를 주워들었을 것이라고 했다.

아들은 여학생과 둘이 짝을 이루어 대화하는 형식으로 만들어 달라고 했다. 대회 규정이 남녀 둘이 짝을 지어 출전하도록 되어 있다는 것이다. 나는 초등학생 둘이서 학교생활에 대해서 대화를 나누는 내용의 대본을 만들어 소리 나는 대로 우리말 음을 달아 주었다. 그냥 지나가는 해프닝 정도로 생각하고 있었는데 얼마 후 학교 대표로 선발되었다고 했다. 물어보진 않았지만 큰 경쟁이야 있었을까.

그런데 아내가 뜻밖의 말을 했다. 학교 대표가 한 팀 더 추가되었다는 것이다. 모 유력 정치인의 딸이 함께 출전하게 되었다고 했다. 압력이 들어간 모양이었다. 나는 실소를 금치 못했다. 별 일도 아니고 초등학생들 잔치에 정치인이라니 이게 웬일인가 싶었다.

원래는 안양, 과천에 소재한 30개의 초등학교에서 각 한 팀씩 출전하는 대회였는데 부랴부랴 규정을 바꾸어 한 팀이 추가되었다. 이 정치인이 직접 나서기야 했겠냐마는 주최 측에서 알아서 '기었던' 것 같았다. 아들은 이 대회에서 최우수상을 받았다.

전혀 예상치 못한 결과였다. 소리 나는 대로 써준 우리말 대본을 달달 외워가서 상을 받아온 아들이 대견했다.

아들은 5학년 때도 또 출전하겠다고 대본을 써달라고 했다. 나는 다른 친구들에게 양보하라고 달래 보았으나 웬일인지 아들은 계속 졸랐다. 이번에는 담임 선생님이 적극적으로 출전을 권유한 것 같았다. 또 최우수상을 받아왔다. 6학년이 되자 학교 내에서는 아예 경쟁자가 없었다. 영어 알파벳도 모르는 주제에 영어 대표 선수가 된 것이다.

대회가 3년째 들어서니 다른 학교들도 열심히 준비를 할 텐데 상을 또 받을 수 있을까 슬그머니 신경이 쓰였다. 웬 걸 이번에도 최우수상이었다. 3년 연속 최우수상을 받았으니 아들은 학교에서 영어의 달인으로 소문이 나 버렸다.

원래 이런 소식은 학부모들 사이에서 먼저 퍼지는 법이다. 아내는 여지저기에서 질시 섞인 축하를 받았다. 그때까지만 해도 나는 아들에게 영어 가르칠 생각을 하지 않고 있었다.

3년 연속 우리말 소리음을 외워서 상을 받았으나 어디 가서 영어 말하기 대회 상을 받았다고 자랑할 수도 없는 형편이었다.

사실 말도 안 되는 상황이 벌어진 것이었다. 뒤늦었지만 명실상부하도록 해야 할 구실이 생겼다. 그렇게 해서 아들에게 영어 가르칠 궁리를 했다. 아들은 애비를 닮아서 좀 게으른 편이고 뭐 하나도 진득이 오래 붙들고 있지를 못했다. 한 마디로 끈기가 없었다.

외부에서 힘이 가해지지 않는 한 자발적으로 공부를 하는 법도 없었다. 친구들과 노는 것만 좋아했다. 특히 농구를 좋아해서 미국 프로농구 선수들의 이름이며 통계자료를 줄줄 꿰고 있었다.

자신이 무슨 농구 선수라도 된 듯 공을 손가락 끝에 올려놓고 빙빙 돌리는 묘기를 보여주기도 했다. 나는 지금도 그렇지만 그때도 초등학생 때는 공부보다는 마음껏 노는 것이 중요하다고 믿고 있었다. 이제 그런 소신, 철학을 깨뜨려야 할 판이었다.

중학교 1, 2, 3학년 영어 교과서 3종을 구입해서 살펴보았다. 정부에서 정한 교과과정에 맞추어 쓰인 것들이라 어느 것을 택해도 좋을 것 같았다. 처음에 아들은 중학교에 들어가면 어차피 배우게 될 텐데 하며 친구들과 놀 시간이 줄어들 것을 걱정했다. 자고로 새로운 것을 배우는 데 왜 희생이 따르지 않을 수 있겠는가. 하물며 남의 언어를 배우는 데 어려움이 없을 수가 없다.

우선 알파벳 소문자 대문자, 인쇄체 필기체를 완전히 익히도록 했다. 사실 이 과정이 만만치 않았다. 중학교에 입학해서 영어를 처음 배울 때 선생님이 알파벳을 수십 번씩 쓰는 숙제를 반복해서 내줬던 것이 생각났다. 알파벳을 익히는 데는 지름길도 요령도 없다. 그냥 외워야 한다. 알파벳을 끝낸 다음 중학교 일학년 영어 교과서 매 단원의 본문을 하나씩 외워 나가는 계획을 세웠다.

처음에는 단어의 의미를 하나하나 찾아서 기억하도록 한 다음 문장을 해석해 주었다. 이 과정을 서너 번씩 반복했다. 그 다음 문장 전체를 외우도록 했다. 발음은 다소 어색하더라도 문장만큼은 정확하게 외우도록 각별히 신경을 썼다. 단수 복수는 물론 삼인칭 단수에 붙는 s나 흘리기 쉬운 a도 빠뜨리지 않았다.

대신에 문법은 전혀 가르치지 않았다. 나의 소신이기도 했지만 중학교에 들어가면 아마 넘치도록 배우리라 생각했다.

아들이 6학년 때 우리는 운중동에 있는 직장 사택으로 이사 와서 살고 있었다. 내게는 어린 시절의 전학 트라우마가 있었기 때문에 6학년 1년을 남겨두고 아들을 전학시키고 싶지 않았다. 그래서 1년 내내 승용차로 등하교시켰다. 도로 사정이 좋지 않아서 학교까지 가는 데 40분 이상 1시간까지도 걸렸다.

아침 등교 시간은 그간 외운 것을 점검하는 시간이었다. 외우지 못했으면 차 안에서 다시 외워야 했다. 아들은 아침부터 죽을 맛이었지만 나는 꿈적도 하지 않았다. 이왕에 시작한 것 여기서 물러서면 아들의 정신 건강에도 문제가 생길 것 같았다.

인덕원에 있는 중학교에 들어 간 다음에도 영어 외우기는 계속되었다. 이 과정은 1학년 2학기 때 분당으로 전학가면서 조금 느슨해졌지만 2학년 초까지 근 2년 동안 지속되었다.

중학교 2학년 때가 제일 어렵다고 했던가. 나는 그게 뭔 소리인가 했는데 실제로 겪어보니 맞는 말이었다. 그동안 싫어도 그럭저럭 잘 따라주던 아들이 이제 그만하자고 반기를 들었다.

아들이 중학교 1, 2, 3학년 교과서를 끝내고 고등학교 1학년 교과서를 절반 정도쯤 마쳤을 무렵이었다.

고등학교 영어는 중학교 영어와 달리 단어나 내용이 훨씬 어렵다. 그러니 외우기가 만만치 않았을 것이다. 나도 아들을 더 이상 학대(?)하고 있을 수만은 없었다.

이제까지 따라와 준 것만도 고맙고 대견했다. 달인까지는 아니더라도 영어 말하기 대회에서 상을 받은 적이 있다고 말을 해도 무방할 것 같았다. 그렇게 해서 아들의 영어 외우기는 끝이 났다.

원래 공부는 어려우면 하기 싫어진다. 아무리 들여다봐도 이해가 되지 않으면 짜증이 나고 책을 쉬이 덮어버리게 된다. 중학교 영어 책을 전부 외워 버렸으니 아들은 학교에서 배우는 영어가 심심했을 것이다. 중학교 3학년 때는 고등학교 입시가 아니라 대학입시 문제집을 슬슬 곁눈질해 보기 시작했다.

아내는 학교 근처 서점을 정해 놓고 두 아이가 마음대로 책을 사볼 수 있도록 했다. 일정 금액을 미리 서점에 맡겨 놓고 나중에 정산하는 방식이었다.

나는 딸에게도 영어 외우기를 시켰는데 오래 가지 못했다. 외우지 못하면 혼을 내야 하는데 너무 애처로워서 조금 하다가 포기해 버렸다. 세월이 흐른 후 그때 조금만 더 버틸 걸 하며 후회하기도 했지만 유행가 가사처럼 '이제 와서 후회해도 소용없는 일'이었다.

아들이 기숙사 생활을 하는 고등학교에 진학하는 바람에 영어에 관한 에피소드는 더 이상 생기지 않았다.

나는 두 아이에게 어떤 형태의 어학연수도 시키지 않았다.

오래 전 유학 생활의 경험에서 얻은 확신이 있었기 때문이다. 2000년 들어 어학연수가 대학 과정의 일부라도 되는 양 너도 나도 영어권 나라의 물을 먹고 돌아왔다. 미국에 1년 갔다 온다고 영어가 확 뚫리면 얼마나 좋겠는가. 외국어에 특별한 재능이 있다면 모를까 그런 일은 결코 일어나지 않는다.

중학교 1학년 영어 교과서 외우는 데는 한 푼의 돈도 들지 않고 생각만큼 오래 걸리지도 않는다. 나는 가까운 지인들에게 자녀의 영어 교육으로 외우기를 적극 추천했다. 빠르면 빠를수록 좋다는 말도 잊지 않고 덧붙였다. 나이가 들면 들수록 외우기가 점점 더 어려워진다. 4~ 50대에 들어서 외국어 공부를 새롭게 시작하는 사람 중에 성공한 사람을 보지 못했다. 대부분 고개를 끄덕거렸지만 실제로 실행에 옮긴 사람은 현재까지 딱 한 사람뿐이다.

그는 초등학교 5학년생인 딸의 영어 외우기가 썩 만족스럽게 진행되고 있다고 했다. 영어를 배우는 데 문장을 통째로 외우는 것보다 더 효율적인 방법이 있는지 나는 모르겠다. 중학교 1학년 영어 교과서를 몽땅 외운 다음 미국 사람과 대화를 시도해 보라. 정신적 폐색이 있다면 모를까 대화에 전혀 어려움이 없을 것이다.

지도교수

박사학위 논문을 준비할 때 나는 지도교수와 첫 6개월 동안 한 달에 두 번 꼴로 만났다. 꽤 자주 만난 편인데 지도교수의 제안에 따른 것이었다. 그런데 사실상 지도교수의 요구나 다름없었다. 그동안 준비한 것을 갖고 가서 브리핑하고 토론하는 형식이었다. 교수가 자신의 귀중한 시간을 할애해 주는데 준비를 열심히 하지 않을 학생이 있겠는가.

지도교수였던 슈미트 교수님은 박사학위 논문을 작성하는 데 몇 년씩 들이는 것은 낭비라는 생각을 갖고 있었다. 자신의 경험에 비추어 보면 학위를 받고 교수가 된 후 전에 비해서 강의나 연구의 질이 비약적으로 올라간다는 것이다.

이런 주장을 뒷받침해주는 특별한 증거가 있는 것은 아니지만 나는 대부분의 교수들이 여기에 동의하리라고 믿는다. 나도 지도교수 맡을 때 학생들에게 한 달에 한 번씩 만나서 공부 과정을 점검하자고 했다. 그러나 처음 약속과 달리 이를 지키는 사람은 한 사람도 없었다.

귀국한 후 박사학위 논문 심사에 처음 참여하면서 고개를 갸우뚱하게 만드는 관행들이 있다는 것을 알았다. 무엇보다도 심사를 다섯 번이나 한다는 것은 이해할 수 없었다. 다섯 번 심사를 거치면 불합격되는 논문이 나올 수 있을까. 그냥 대신 써주고 말지 이게 뭐하는 거지?

논문 심사를 청구하는 학생은 대학원에 약간의 심사비를 낸다. 25만 원 정도였던 것 같다. 다섯 명 심사위원의 심사비다. 그런데 이와 별도로 학생이 심사위원들에게 심사비 명목으로 일정 금액을 지도교수를 통해서 제공하는 관행이 있었다. 액수는 딱히 정해져 있지 않았다.

나는 철학과 교수들에게 이런 일은 적어도 철학과에서만은 없어야 한다고 강력하게 주장했고 교수들도 흔쾌히 동의해 주었다. 그러나 외부 심사위원에게 약간의 교통비를 제공하는 것은 어쩔 수가 없었다. 외부에서 심사하러 왔다 가면 하루가 온통 깨진다. 그것을 무려 다섯 번씩이나 해야 되니 미안함에 대한 최소한의 인사다.

몇 년 뒤 심사는 세 번으로 줄었지만 이것도 여전히 납득하기 어려웠다. 내가 박사 논문 심사를 청구했을 때 심사는 단 한 번뿐이었다. 내 바로 앞에서 심사를 받은 학생은 불합격 판정을 받았다.

십 년 공부 나무아미타불이 될 판이었는데 다행히 한 번의 기회를 더 주었다. 새로운 주제로 논문을 다시 쓰도록 허용해 주었는데 웬만해선 충족시키기 어려운 조건이었다.

이후 다른 전공의 박사학위 논문 심사에 참여한 적이 있었다. 철학 관련 내용이 있어서 그 부분을 집중적으로 봐 달라는 요청이 있었다. 모든 심사가 끝나고 해당 학생의 지도교수가 심사위원들에게 봉투를 하나씩 돌렸다. 거절하고 싶었지만 그냥 받아 두었다. 적지 않은 돈이 들어 있었다.

다음날 아침 나는 학생을 조용히 불러서 봉투를 돌려주었다. 이후 이런저런 자리에서 심사비에 얽힌 이야기를 들었는데 대부분의 교수들은 심사비 받는 것을 당연시했다. 어떤 경우는 가히 충격적이었다.

학생이 봉인가. 교수가 봉급은 왜 받나. 학위를 받는다고 교수 자리가 보장되는 것도 아닌데 돈이 없는 학생은 어쩌라는 것인지. 중국에서 유학 온 어떤 학생이 사례금을 마련하지 못해서 심사를 미루었다는 믿고 싶지 않은 이야기도 들었다.

나는 제자가 많지 않다. 학생이 적은 한국학 대학원에 재직했던 탓이다. 철학과에 들어오는 학생이래야 1년에 한두 명 정도에 그치니 수강자가 다섯 명을 넘는 강의는 드물었다. 이들은 모두 한국철학, 동양철학을 공부하려고 대학원에 들어온 사람들이다. 학부에서 철학을 전공하지 않은 학생들이 다수였다.

개설 강좌가 많지도 않고 서양철학도 조금은 알아야 하기 때문에 내 과목도 수강했다. 평소에 무심하게 지나쳤던 분야를 공부해야 한다는 부담 때문에 볼멘소리를 하는 학생들도 있었다. 나도 강의의 수준을 어디에 맞추어야 할지 매번 고민스러웠다. 어떤 해에는 철학과 아무런 관련이 없는 아주 생소한 분야를 전공한 학생들이 들어오기도 했다.

이런 경우 철학의 기초 개념들부터 설명해야 했는데 자칫 강의가 개론 수준에 머물러 버리기도 했다. 사정이 이러니 토론 같은 것은 아예 엄두도 내지 못했다. 대학원 강의에서 토론이 빠지면 그건 그야말로 '앙꼬 없는 찐빵,' '등대 없는 항구'와 다를 바 없다.

대부분의 경우 내 수업은 거의 일방적 강의였다. 서양철학 전공인 데다 그 인간 까다롭다는 소문이 나 있어서 내게 지도교수가 되어 달라는 학생은 드물었다. 혹 요청이 들어와도 전공이 아니라는 이유로 사양하곤 했다. 그렇기는 해도 지도교수를 맡은 적이 몇 번 있었다. 이들 중 몇은 대학이나 연구소에 자리를 잡았다.

내가 배출한 박사 1호는 Y다. 그녀는 이미 정부 출연 연구소에 재직하고 있었다. 철학이 아닌 다른 전공으로 대학원에 들어왔는데 어쩐 일인지 내게 지도를 부탁해 왔다. 초창기 한국학대학원에는 지도교수에 대한 규정이 다소 모호했고 철학과의 김형효 교수가 윤리 전공 학생의 논문 지도를 한 적이 있었다.

나는 물론 거절했다. Y가 속한 전공의 소속 교수들도 있는데 내가 맡는다면 문제가 생길 것 같았다. 그런데 명문 대학에서 철학을 전공했던 Y는 법철학에 관한 논문을 쓰고 싶어 했고 이 분야에 관해서 지도를 할 수 있는 사람은 나밖에 없었다. 그래도 재삼 거절했지만 과거의 사례를 들어 간청하는 바람에 지도교수를 맡았다.

한동안 아무 일도 없었는데 나중에 사건이 터졌다. 박사학위 예비논문 공개 발표를 하는 자리에 Y가 속한 전공의 교수 두 명이 들어와 논문 내용과는 상관없이 발표자에 대해서 욕설에 가까운 인신공격을 해댔다. 대학원생들 앞에서 말도 안 되는 추태를 보인 것이다. 이 사람들과 같은 대학원의 교수라는 것이 부끄러웠다.

김형효 교수가 지도한 학생은 한국철학에 관한 논문을 썼다. 당시 그 쪽에는 한국철학을 전공한 교수가 없었다. 그때 조용했던 이유는 아마도 김형효 교수의 위상 때문이 아니었나 싶다. 내 경우는 달랐다. 교수 경력도 일천하고 나이도 어리니 이 기회에 그동안 쌓였던 울분을 한꺼번에 쏟아내자고 했던 것 같았다. 그런데 당시 전공에 상관없이 철학 과목을 수강하는 학생들이 꽤 있었다.

시간이 지난 후 Y는 내게 이들을 달래려고 나름 노력을 많이 했다는 후일담을 털어 놓았다. 이후 그녀는 실력을 인정받아 직장에서 주요 직책을 맡으며 승승장구했다.

석사학위를 지도한 J는 특별한 경우였다.

그는 에너지가 넘치고 활달해서 다소 튀는 모습을 보이기도 하는 학생이었다. 이런 점 때문에 수업 시간에 교수와 부딪쳐서 감정적으로 사이가 틀어졌다. 한 마디로 교수의 심기를 건드려 미움을 산 경우였다. 교수가 많다면 모를까 네다섯밖에 되지 않으니 지도교수 구하기가 어려울 수밖에 없었다. 내게 억울함을 호소하며 교수와 공개적으로 잘잘못을 가리고 싶다고 했다. 교수와 맞장을 떠보겠다는 것인데 물론 그렇게 할 수도 있었을 것이다.

그러나 그 경우 한국학대학원에서 박사 과정에 진학하는 것은 물론이고 석사학위를 받는 것도 쉽지 않았을 것이다. 최근에 아들이 이와 유사한 사건을 맡아 소송을 진행한 적이 있었다. 모르긴 해도 비슷한 사례들이 적지 않을 것이다. 그러나 시시비비 이전에 아쉬운 쪽은 학생이기 때문에 대부분 그냥 참고 넘어가는 것이 보통이다.

나는 J에게 박사 과정은 다른 곳으로 가라고 권유했고 생소한 분야지만 지도교수를 맡아서 석사학위를 받도록 해 주었다. 그는 다른 대학으로 가서 박사학위를 받았고 현재 서울에 있는 모 대학의 교수가 되었다. 나는 J에 대해서 까맣게 잊고 있었는데 어느 날 연락을 해 왔다. 반가운 마음에 만나서 지난 이야기들을 주고받았다. 그는 내 덕택에 석사학위를 받았고 나아가 박사 과정에 진학 수 있었다며 고마워했다.

그러나 사실은 그에게 다른 출구가 보이지 않았기 때문에 조금 도와줬을 뿐이다. J는 성격이 좋아서 어디를 가도 환영받을 그런 사람이다.

L은 내 제자들 중에서 힘이 가장 좋았던 사람이다.

조교를 했기 때문에 다른 학생들보다 더 자주 만났고 그의 성품도 잘 알 수 있었다. 수업시간에 과제를 내주어도 제일 먼저 제출하는 사람이 L이었다. 일을 시키면 언제나 내가 예상했던 시간보다 일찍 끝냈다. 어디에서 그런 힘이 솟아나는지 모를 일이었다. 학부 시절 은사인 K교수를 너무 존경해서 은근히 시샘이 나기도 했다.

L은 대단히 정직한 사람이다. 사람이 너무 투명해서 속이 훤히 들여다보일 정도다. 한마디로 겉하고 속이 똑같다. 무슨 이유로 그가 내게 와서 논문을 쓰게 되었는지 몰라도 나는 논문 내용에 대해서는 별다른 간섭을 하지 않았다. 내가 전공한 분야도 아니고 들여다보아도 크게 지적할 것이 없었다. 다만 자신이 동양철학뿐 아니라 서양철학에도 일가견이 있다는 것을 보여줄 셈이었는지 논문 전체 구도에 어울리지 않아 보이는 서양철학 논의를 일부 덧붙였다.

내 눈에 영 거슬려서 이 부분을 삭제하라고 했다. 그는 한동안 버텼지만 학위 논문에 관해서 지도교수 이기는 대학원생이 있던가. 그것도 박사학위를 바로 코앞에 두고 있는 대학원생이 어떻게 끝까지 버티겠는가. 모르긴 해도 L은 입맛을 쩍쩍 다시며 아쉬워했을 것이다.

L이 얼마나 힘이 좋은 사람이었는지는 그가 현재 재직하고 있는 대학에 지원했을 때의 상황을 보면 잘 알 수 있다. 그가 교수직에 지원서를 내고 찾아왔다. 지원하기는 했는데 유감스럽게도 특정 대학 출신들이 잡고 있어서 힘들 것 같다고 했다. 연구원의 다른 교수를 통해 분위기를 알아보니 그는 들러리에 불과할 것 같았다.

그렇다고 그냥 물러날 L이 아니었다. 최종 심사에 올라간 후보들은 20분씩 강의를 하게 되어 있었다. 다른 후보들은 열심히 준비를 해온 모양으로 논문 발표 하듯이 원고를 읽었다. L은 달랑 한 장의 메모지만 들고 가서 거침없이 강의를 했다. 발표장에 참관했던 대학 관계자들에게 누가 더 깊은 인상을 남겼을까는 불문가지였다.

때마침 학교 재단이 젊은 2세에게로 넘어가고 있었다. 대학 분위기가 예전과 달라진 것이었다.

L은 연줄도 없고 내세울 만한 대단한 학벌도 없었지만 당당히 교수직에 채용되었다. 맨땅에 헤딩한다는 말은 무모한 시도를 두고 하는 말이지만 그는 맨땅에 헤딩해서 노다지를 캐낸 사람이다.

내가 마지막으로 지도교수를 맡았던 학생은 K다.

그가 내게 지도교수 문제를 상의하러 왔을 때 나는 그에게 독일어 공부를 할 의사가 있는지 물어 보았다. 구체적으로 그가 괴테 인스티튜트에 다닐 생각이 있는지 물었다. 그는 학부에서 정치학을 공부했으나 대학원에서 철학으로 전공을 바꾸었다.

학부 1학년 이후 모든 과목에서 A+만을 받았다는 이 친구는 지적으로 우수했고 개성이 매우 독특한 학생이었다. 그는 독일어를 전혀 모르는 상태에서 괴테 인스티튜트에 입학하여 2년간 다녔다. 운중동에서 남산까지 너무 멀다며 계속 불평했지만 종국에는 독일어를 전공한 학생들을 모두 제치고 우수한 성적으로 과정을 수료했다.

나는 오랜 지인인 기른트 교수와 볼파르트 교수에게 K를 맡아줄 수 있는지 타진했다. 두 사람은 다른 교수들을 연결시켜 주었다. 나는 이들에게 K를 추천했고 K는 DAAD와 Humboldt 두 군데서 왕복 여비를 포함하는 장학금을 받았다. 그중 DAAD를 선택해서 니체 연구의 세계적 권위자인 훔볼트대학의 게르하르트 교수 밑으로 갔다.

K는 눈에 생기는 통증으로 유학 기간 내내 고생했지만 니체 연구로 6년 만에 박사학위를 받고 돌아왔다. 우선 연구교수나 박사후연구원의 신분을 얻는 것이 시급했는데 논문이 없었다. 나는 한국의 실정을 설명해주고 학술지에 논문을 투고할 것을 권유했다.

그런데 그가 보낸 논문이 게재 불가 판정을 받았다. 이유는 그의 논문이 학술 논문의 형식을 갖추지 못했다는 것이었다. 무엇보다도 인용이 거의 없다는 것이 문제였다.

그는 논문의 독창성을 평가하지 않고 형식만 따지는 것은 받아들일 수 없다는 입장을 굽히지 않았다. 한 마디로 인용을 위한 인용은 하지 않겠다는 것이었다.

글쎄 인용을 위한 인용을 하는 사람도 있겠지만 남이 앞서 연구해 놓은 자료를 빌려다 쓰는 것이 인용인데 도무지 먹히지 않았다. 그러려면 차라리 시나 소설을 쓰는 것이 낫지 않겠는가.

얼마 후 대학의 강사 자리를 주선해 주었는데 그마저도 오래 가지 못했다. 뛰어난 지적 능력이 사장되는 것이 안타까웠지만 별 수가 없었다. 게르하르트 교수는 몇 년 동안 K를 가까이에서 보면서 그의 지적 독창성을 높이 평가해 주었지만 세상은 그렇게 기다려줄 만큼 참을성도 없고 관대하지도 않다. 그는 니체와 같은 문학적 철학자가 되고 싶었을 것이다. 그러나 내가 세상에 다가가야지 세상보고 내게 오라고 할 수는 없는 노릇 아니겠는가.

나의 지도교수였던 슈미트 교수님은 독특한 분이었다. 좌파라고까지 할 수는 없지만 예컨대 대학 당국보다는 학생들 편에 섰고 기득권층보다는 약자의 입장을 헤아리는 사람이었다.

1970년 전후 미국에서 학생운동이 격렬했을 때 교수도 학생의 공격 대상이었다. 그런 분위기에서 교수가 학생 편을 드는 것은 쉬운 일이 아니었을 텐데 슈미트 교수님은 학생들의 입장을 옹호하며 앞장을 서기도 했다고 한다. 온화한 모습 뒤에 반항아의 기질이 감추어져 있었던 것이 아닌가하는 생각을 해 보았다.

한 번은 꽤 멀쩡한 새 옷에 넥타이까지 매고 학과에 나타났는데 다들 한 마디씩 농담을 건넸다. 그는 옷을 구세군 매장에서 10달러 주고 샀다고 했다. 넥타이는 30년 된 것이라는데 끝이 헤져 있었다. 그러고 보니 그는 늘 등산화 같은 구두를 신고 다녔다. 편하고 반영구적이어서 너무 좋다는 것이다. 양복에 등산화 차림이어도 전혀 개의치 않았다.

나도 지도교수를 닮았는지 그 정도까지는 아니어도 평생 외관에 신경 쓰지 않고 살았다. 정장에 넥타이까지 매는 경우는 결혼식 주례 설 때나 문상 갈 때뿐이었다고 해도 과언이 아니다. 보직을 맡고 있을 때도 넥타이를 매는 일은 거의 없었다. 대부분 운동화에 편한 바지 차림으로 연구실을 오갔다. 옷걸이가 시원찮아서 잘 차려 입어봐야 광이 날리도 없겠지만 무엇보다도 불편한 것은 질색이었다. 넥타이를 매면 목을 옥죄는 것 같아서 거북했다.

유명한 언어철학자 써얼(John Searle)의 강연에 가 보았는데 운동화에 난방 차림의 모습이었다. 하긴 철학과 교수들 중에 정장을 하고 다니는 사람을 본 기억이 별로 없다.

박봉인 탓이기도 하겠지만 잘 차려 입고 특별히 갈 데도 없을 것이다. 아무도 겉모습에 신경 쓰는 것 같지 않았다.

슈미트 교수님은 집에서 싸온 점심을 연구실에서 잡수시곤 했다. 다른 교수들도 대체로 외식을 하지 않는 것 같았다. 교수가 박봉이라면 생소하게 들릴 수 있을 것이다. 그렇지만 미국은 전공에 따라 교수의 봉급에 차이가 크다.

예를 들어 철학 교수와 공학 교수는 초임 때부터 큰 차이가 있다. 아마도 철학 교수는 대학에서 제일 낮은 축에 들 것이다. 전자공학으로 박사학위를 받은 사람은 대학이 아니어도 갈 데가 많지만 철학박사는 대학 이외에 갈 데가 없다.

수요공급의 원칙에 따라 연봉이 결정되니 어쩔 수가 없다.

미국의 철학 교수는 한국의 철학 교수보다도 봉급이 적은 것 같다. 그렇다고 연구비가 많은 것도 아니다. 그러나 박봉이라도 미국 철학 교수들은 꽤 열심히 학생지도를 하는 편이다. 학기 리포트(term paper)나 학위 논문도 새까맣게 코멘트를 달아 돌려준다.

나는 불과 네다섯 명의 학생들을 지도했을 뿐이지만 나름 최선을 다했다고 생각한다. 현재 지방대학의 교수로 있는 어떤 제자는 이십 년 전 내게 지도교수 부탁하지 못한 것을 나중에 못내 아쉬워했다고 고백하기도 했다.

바둑과 인공지능

친구끼리 두는 바둑을 관전하다 보면 흔히 서로가 상수라고 주장하며 다투는 모습을 볼 수 있다.

어떤 때는 몇 점 놓아라 말라 하며 실랑이를 벌이다가 얼굴을 붉히기도 한다. 또한 한 수 물러 달라는 요구를 들어주지 않아 감정이 상해지기도 한다. 급수가 낮은 사람들의 대국에서는 상대방이 자신의 집이라고 주장(?)하는 곳에 침입하면 화를 내기도 한다.

그런데 따지고 보면 바둑만큼 공정한 게임도 없다. 규칙도 단순하고 승패도 확실하게 갈라지기 때문에 시간을 다투는 프로들의 시합을 제외하면 사실상 심판이 필요하지 않은 신사의 게임이다. 10살 먹은 아이가 40살 된 어른을 이기는 게임이 바둑 말고 또 있는지 모르겠다. 인간이 현재까지 고안해낸 게임 중에서 바둑만큼 경우의 수가 많은 게임은 없다고 한다. 규칙은 단순하지만 그 운용은 거의 무제한적이다.

나는 고등학교 때 처음 바둑을 배웠다. 바둑의 간단한 규칙 정도만 알고 있던 친구가 가르쳐 주었다. 이후 얼마 동안은 스스로도 놀랄 만큼 빠르게 늘었다. 슬슬 재미가 붙어서 급기야는 기원 출입을 했다. 한번 들어가면 시간 가는 줄 모르고 두었다.

신기하게 배도 고프지 않았다. 신선놀음에 도끼자루 썩는 줄 모른다는 옛말이 바로 바둑을 두고 하는 말이었다. 사람들이 어찌나 담배를 피워대는지 옷에 냄새가 배어서 오해를 사기도 했다.

대학 다닐 때는 기원에 자주 갔다. 자칭 1급 행세를 했지만 사실 기력은 2~3급 정도에 불과했다. 진짜 1급과 맞붙으면 거의 일방적으로 깨졌다. 그래도 1급이라고 우겼다. 그렇게 한참을 보내자 지는 횟수가 줄어들었다. 단련이 된 것이다.

대학을 졸업하고 유학을 가면서 자연스레 바둑과 끊어졌다. 귀국 후 직장 바둑동호회에 들어가 가끔 두곤 했지만 그야말로 오락 수준이었다. 한 번은 아들이 다니던 초등학교에 '이창호배 어린이 바둑대회'에서 우승을 한 고수가 있다고 해서 어렵게 집으로 초빙했다.

청요리를 대접하며 세 판을 두었는데 모조리 졌다. 마지막에는 두 점을 놓고 뒀지만 도무지 상대가 되지 않았다. 나중에 소식을 들어 보니 프로에 입문하지는 않았다고 했다.

꽤 오래 전에 프로기사 차민수, 장두진 두 분이 직장에 와서 지도대국을 둔 적이 있었다. 석 점, 넉 점을 놓고 대국을 했다. 프로와의 첫 대국이라 그런지 약간의 흥분과 함께 왠지 위축되는 느낌이 들었다. 이들을 상대로 단 한 판만이라도 이길 수 있다면 얼마나 좋을까. 져도 상관없으니 공격적으로 두자고 다짐했지만 손은 그걸 따라주지 않았다.

내가 하수하고 둘 때 즐겨 쓰는 방식으로 프로에게 당하니 도무지 어떻게 해야 할지 난감했다. 결국 너무 소극적으로 두어 1승 3패를 했다. 장두진 사범님이 나의 기력을 아마추어 5단으로 판정해 주었다. 한국기원에 일정 금액을 내면 공인 5단증을 줄 수 있다고 했으나 나는 정중하게 사양했다.

오십 줄에 들면서 바둑 두는 횟수가 드물어지다가 몇 년 지나지 않아 아예 손을 뗐다. 주변에서 마땅한 상대를 구하는 것도 그렇고 기원에 가서 낯선 사람과 마주 앉을 생각은 더더욱 없었기 때문이다. 그렇다고 텔레비전 바둑 프로그램에 가입해서 익명의 상대와 두어야 할 만큼 아쉽지도 않았다.

대신에 TV 바둑 보는 재미를 붙였다. 정년퇴임 후 집에 있는 시간이 많아지면서 텔레비전을 보는 시간도 많이 늘었다. 대부분의 시간을 미스터리 소설을 읽으면서 보내는 편이지만 눈에 문제가 생기면서 책 읽는 시간이 줄어든 대신 텔레비전 보는 시간이 만만치 않게 늘어났다. 중간에 흐름을 끊는 광고가 싫어서 처음에는 광고가 없는 히스토리 채널에 고정시켜 놓다시피 했다. 그러나 얼마 전부터 이 채널도 광고를 하기 때문에 이제는 주로 바둑 TV를 본다. 광고도 다른 채널보다 많지 않아서 덜 짜증스럽다.

다른 사람들도 마찬가지겠지만 나는 공격 바둑을 좋아한다.

한때 돌주먹 백홍석의 바둑을 좋아했는데 요즈음은 옛날처럼 화끈하지 않은 것 같아서 다소 실망스럽다.

박정환의 바둑도 좋아하지만 김지석, 이세돌의 용서 없는 공격 바둑을 무척 좋아한다. 여자 기사로는 최정의 팬이다.

바둑 해설은 최소한의 해설, 절제된 해설을 좋아한다. 너무 말이 많고 공격적인 해설자는 부담스럽고 피곤하기까지 하다. 어떤 때는 내가 대국자의 바둑을 보고 있는 것인지 아니면 해설자의 바둑을 보고 있는 것인지 헷갈릴 정도다. 목소리가 지루한 해설자가 등장하면 채널을 돌리거나 아예 소리를 죽여 놓고 화면만 본다.

목진석 9단, 한해원 3단의 해설을 선호하는 편이다. 국악에 잘 들어

주는 '귀 명창'이 있듯이 바둑에도 관전 잘하는 사람을 '보는 고수', '눈 고수'라고 한다면 나는 거기에 속할 것이다.

요즈음은 바둑을 두뇌 스포츠라고 한다.

바둑이 스포츠인지 잘 모르겠지만 아마도 스포츠 단체로 등록하면 여러 가지 이점이 있기 때문에 그렇게 한 것 같다. 그런데 사실 따지고 보면 머리를 사용하지 않는 스포츠가 어디 있겠는가. 심지어 격투기 같이 그야말로 맹수처럼 싸우는 종목에서도 머리는 필요할 것이다. 상대적으로 육체를 많이 쓰고 머리는 적게 쓴다는 차이가 있을 뿐이다.

그런데 스포츠에 대한 사람들의 인식이 많이 바뀐 것 같다. 초등학생이었을 때 스포츠는 승패보다 참여하는 데 의의가 있다고 배웠다. 그림에도 불구하고 그때나 지금이나 스포츠는 소수의 사람만 참여하고 나머지는 구경꾼인 이벤트다. 또한 승패에 민감하고 승리에 열광하는 것은 동서고금을 통해 변함이 없다.

예컨대 올림픽에서 승리한 선수는 영웅이 되는 동시에 엄청난 부를 보장받는다. 올림픽의 발상지라는 고대 그리스에서도 마찬가지였다. 그때 패배는 국민적 수치였고 패배한 선수는 추방당하거나 죽음에 내몰리기까지 했다.

그렇다면 참여가 중요하다는 말은 아무래도 사람들을 유인하기 위한 수단에 불과한 것 같다. 관람자가 많을수록 흥행이 성공할 테니까.

결국 스포츠에서는 승리가 지배한다고 할 수 있다. 그래서 스포츠를 간단하게 정의해 보면 승자와 패자가 있는 게임 정도가 아닐지. 그렇게 넓게 정의하고 보니 화투놀이도 스포츠에 포함시켜야 될 것 같다.

스포츠로서 바둑이 다른 종목과 다른 점은 무엇일까.

무엇보다도 바둑은 대단히 조용한 스포츠라는 것이다. 시합이 끝날 때까지 조용함이 요구되는 종목이다. 바둑돌이 반상에 놓일 때 내는 단조로운 소리나 대국자의 부채 소리 정도를 제외하면 승부가 끝날 때까지 그야말로 적막강산이다. 관전하는 사람들도 조용히 지켜볼 뿐이다. 이처럼 평화롭고 고독한 스포츠가 또 있을까.

방송 중계도 다른 종목과 달리 현장에서 하지 않는다. 물론 바둑은 머리를 많이 사용해야 한다. 바둑 두는 머리는 따로 있다고 하는데 그렇지는 않은 것 같다. 아무리 노력파라고 해도 머리가 좋지 않으면 도저히 프로기사가 될 수 없거나 정상에 설 수 없다. 남녀 한 쌍이 해설과 진행을 하는 경우가 많다는 점도 이채롭다. 이것만 놓고 보면 어느 종목보다 남녀평등이 잘 이루어지고 있는 듯하다.

그런데 이들의 해설을 들어 보면 다른 종목에서는 쉽게 들어볼 수 없는 험한 말들이 오간다. "때려잡는다." "때려낸다." "잡으러 간다." "죽인다." 등. 다른 종목과 달리 시작해서 끝날 때까지 죽었다 살았다가 반복되는 거의 유일한 종목이기도 하다.

인공지능과 맞붙어서 승패를 겨루는 초고수의 바둑을 보면 경이롭기까지 하다. 2016년 봄 이세돌 9단과 인공지능 바둑인 알파고가 대결을 벌여 한동안 세간의 큰 화제 거리가 되었던 적이 있다. 그 게임을 보면서 사람들은 인공지능이 인간을 능가할 날이 곧 오고야 말리라는 이야기들을 했다. 그렇게 된다면 엄청난 혼란이 초래될 것이라는 말을 덧붙이는 것도 잊지 않았다. 새로울 것도 없는 이야기다.

한때 공상 과학 소설가들의 상상의 산물이었던 인공지능이 일상생활에 들어와 있지만 우리는 크게 의식하지 못하고 있다. 예를 들면 날씨예보, 스팸메일 걸러내기 등 일상생활의 거의 모든 분야에서 인공지능이 활용되고 있다. 인공지능이 진화하면서 새로운 문제도 생기고 있지만 그것이 인간의 삶에 가져올 혜택은 측정할 수 없을 정도다. 인공지능은 저 멀리 고대 그리스 신화에도 등장한다. 대장간의 신으로 불리는 헤파이스토스는 로봇을 만들어 자신의 조수로 썼다. 중세에도 이미 지능을 진화시키는 기계의 가능성을 탐색한 사람들이 있었다.

사실 우리의 삶은 이미 알게 모르게 인공지능에 의해 지배당하고 있다. 한 가지만 예로 들면, 전립선 수술의 경우 의사가 하는 것보다 기계에 의존하는 것이 훨씬 안전하다고 한다. 물론 비용도 훨씬 비싸다. 요즈음 프로기사들은 오랜 세월 당연하게 받아들여져 오던 정석을 버리고 알파고의 수를 따라 둔다고 한다. 알파고가 최고의 바둑 선생으로 자리를 잡은 것이다.

인간이 알파고를 만들었지만 이제는 알파고가 인간이 만든 규칙이나 형식을 간단하게 깨버리고 있다. 알파고에게는 고민이나 성취해야 할 목표가 없다. 한 수 한 수 둘 때마다 그저 그 상황에서 최적의 수를 찾아 두기만 할 뿐이다.

알파고 같은 인공지능이 지배하는 세상에서는 최적의 기능만이 사회의 작동원리 또는 규범으로 군림할 것이다. 이런 사회에서 정의, 겸양, 절제와 같은 삶의 최고의 덕목들은 별 의미가 없을 것이다. 바둑판에서 미묘하게 벌어지고 있는 일종의 패러다임 붕괴가 인간의 정체성에 대한 심각한 논의로 이어질 날이 멀지 않아 보인다.

인공지능이 사람처럼 희로애락의 감정까지 갖게 될 수 있을까. 기계에 생명을 입히는 일이 가능할까. 인공지능이 스스로 진화할 수 있을까. 기계가 자율적으로 판단하고 느끼고 재생산할 수 있다는 것은 생명이 있다는 것을 의미한다.

생명의 기원에 관해서는 창조와 진화라는 두 가지 상이한 입장이 있어 왔다. 역사적으로 대부분의 사람들이 이런저런 형태로 신봉했던 창조설에 의하면, 생명은 신의 뜻에 따라서 창조되었다. 특히 기독교 전통에서는 구약의 창세기에 나타나 있는 천지창조의 이야기가 생명의 창조에 관한 절대적 설명이다. 그러나 창조설은 근대 이후 과학의 발달로 우리 주변에서 일어나는 많은 현상들이 속속 그 베일을 벗어감에 따라 권위를 상실했다.

창조설과 반대되는 진화론은 생명이 역사적으로 어떤 시기에 무기질로부터 우연하게 발전했다고 주장한다. 이 입장은 생명의 출현을 어떤 외적인 힘을 빌려 설명하지 않는다. 생명은 순수하게 자연적 조건들이 우연하게 결합한 산물에 불과하다. 진화론의 대명사처럼 불리는 다윈의 이런 주장은 다양하고 풍부한 자연에 관한 놀랄 만큼 단순하고 설득력 있는 설명이다. 어떤 철학자는 진화론을 인류가 지금까지 발견한 관념들 중에서 가장 훌륭한 관념이라고 극찬하기도 했다.

고차원적 인공지능의 발전 가능성이 열려 있고, 유전공학에 의해 유기물질의 합성이 언제라도 현실화될 가능성이 있는 오늘날 신에 의한 우주와 인간의 창조는 더 이상 과거와 같이 절대적인 설득력을 갖기 어려워졌다. 그럼에도 불구하고 진화론을 비롯한 과학적 설명이 갖는 한계 때문에 우리는 여전히 어떤 신비스러운 힘에 대하여 경외감을 느끼기도 한다.

그런데 인간의 정체성 변화에 관한 이야기, 알파고와는 다른 차원의 인공지능에 관한 이야기가 이세돌과 알파고의 대전 바로 다음해인 2017년에 등장하여 화제가 되었다. 물론 알파고는 실제이고 이번의 인공지능은 허구라는 차이는 있다.

그러나 30년 전에 누가 알파고의 등장을 예견이나 할 수 있었을까? 그때는 알파고도 허구였다. 『다빈치 코드』의 저자로 널리 알려져 있는 댄 브라운은 최신작 『기원』에서 인공지능을 등장시켜 인류의 해묵은 주제인 창조와 진화의 문제를 다루고 있다.

그는 '우리는 어디서 와서 어디로 가는가?'라는 물음을 던져 놓고 종교와 과학의 대결 구도를 설정하여 이야기를 긴장감 있게 전개시킨다. 동시에 인공지능과 인간의 결합으로 인간의 정체성이 현재와는 전혀 다르게 될 미래를 상상해 보도록 한다.

대강의 줄거리는 다음과 같다.

어느 날 하버드대학의 상징학 교수인 랭돈은 자신의 옛 제자이며 억만장자 컴퓨터 전문가인 커쉬로부터 특별한 초대장을 받는다. 커쉬는 자신이 누구나 품고 있는 문제 '우리는 어디서 왔고 어디로 가는가?'라는 의문을 해결하여 그걸 발표하려고 사람들을 초대했다.

그는 기존의 모든 종교를 단번에 무너뜨리고 새로운 과학 종교를 창출하고자 한다. 그가 발표를 막 시작하는 도중에 종교 광신자인 퇴역 해군 장성 아빌라의 총에 맞는다.

랭돈과 스페인 차기 국왕의 약혼자인 바이달은 함께 커쉬가 내보여 주려고 했던 것이 무엇인지 알아내려고 한다. 무엇보다도 하드 드라이브를 풀기 위한 패스워드를 찾아야 하는데 커쉬가 만든 최첨단 인공지능 윈스턴이 도와준다. 그들은 강연내용을 찾아서 세계에 공표한다. 커쉬는 '우리는 어디에서 왔는가?'라는 물음에 '진화'로 대답한다. 이 연구에 의하면 인간은 기술의 발달로 인해서 가까운 미래(2050)에 새로운 종으로 진화한다.

방아쇠는 아빌라가 당겼지만 커쉬를 살해한 것은 바로 인공지능 윈스턴이다. 윈스턴은 자신의 주인의 발표에 대한 세계인의 관심을 극대화하기 위해서 그를 죽였다. 커쉬는 암에 걸려 살날이 9일밖에 남지 않았었다. 그는 자살을 계획하고 있었다.

이런 사실을 알고 있던 윈스턴은 아빌라로 하여금 그를 살해하도록 하는 모든 계획을 꾸며 진행시켰다. 그렇게 하는 것이 자신의 창조자를 위한 최선의 선택이었다고 주장한다.

인간은 사유하는 동물이기에 만물의 영장이 될 수 있었다는 판에 박힌 진리가 무너지는 순간이었다. 커쉬가 그리는 미래의 세계에서 만물의 영장은 바로 다름 아닌 인공지능이다. 스스로 생각하고 진화하는 인공지능의 등장으로 인간에 관한 정의가 획기적으로 바뀔 날이 머지않다. 그 앞자리에서 바둑이 작은 실험을 하고 있다.

제3장

시골에 살면서

백암장 풍경

1960년대 초 우리나라에서 제일 높은 건물은 8층짜리 반도호텔이었다. 영어 선생님이 반도호텔에 가면 의자처럼 앉아서 변을 보는 '거시기'가 있는데 너희들은 거기에 앉으면 똥이 나오지 않을 거라고 해서 실소를 금치 못한 적이 있었다.

나중에 동네 친구한테 이 이야기를 했더니 어디서 들었는지 쥐뿔도 모르면서 아는 체를 했다.

미국사람들은 '큰일'을 치르면서 음식을 먹기도 한다나. 제길헐 양코백이 똥은 향수 냄새라도 난단 말인가.

내 기억으로는 우리나라에 아파트가 처음 세워진 것도 1960년대가 아니었나 싶다. 인터넷에서 찾아보면 금방 확인할 수 있겠지만 그건 아무래도 상관없다. 연탄을 사용하던 아파트였다.

뒤이어 주상복합 아파트인 세운상가가 들어섰고 사람들은 경의의 눈으로 이 아파트를 바라보았다. 아파트가 주거 형태로 자리 잡으면서 양변기가 도입되었고 미국 똥의 신화도 똥장군의 "똥 퍼!"와 함께 빠르게 사라졌다.

미국에서 돌아와 부모님이 사시던 집에서 형님네와 함께 잠시 지내다 과천의 한 아파트로 전세를 얻어 나갔다. 그게 1984년의 일이다. 그때는 이미 아파트가 폭발적으로 늘어나고 있었다. 적어도 도시에서는 그랬다. 나는 이후 직장 사택에서 몇 년 보낸 것을 제외하고는 남들처럼 계속 아파트에서 살았다.

아파트는 정말 두루두루 편리했다. 예전에 단독주택에 살던 때를 생각하면 그야말로 획기적인 변화였다.

그런데 남들은 다 편해서 좋다고 하는 아파트가 웬일인지 내게는 영 맞지 않는 것 같았다. 마음 한 구석에 시골로 가고 싶다는 바람이 속병처럼 들어 있었기 때문이다.

그러던 차에 전원주택에 살고 있는 친구 집을 방문할 기회가 있었다. 한 마디로, 너무 부러웠다.

이 친구 말인즉 생각날 때 그냥 저지르지 않으면 시골에 집을 마련할 수 없다는 것이었다.

사실 내게는 지지를 만한 경제력이 없었지만 다행히도 집을 지을 수 있는 조그만 땅이 고향에 있었다. 남향이 아니라 입지가 썩 좋지는 않았지만 찬밥 더운밥 가릴 처지가 아니었다. 우여곡절 끝에 조그마한 집을 짓고 살기 시작해서 이제 십여 년이 되었다.

50년 전에는 서울에서 편지를 부치면 백암에 도착하는 데 최소한 3~4일은 걸렸다.

지금 내가 살고 있는 대흥동 마을은 백암에서 십리 이상 떨어져 있어서 거기다가 하루 이틀을 더해야 했다.

전화도 없었으니 부고장 같은 것은 사망일로부터 일주일이나 지나 배달되기도 했다. 급하면 인편에 편지를 보내던 시절이었다.

나도 아버지 심부름으로 백암을 몇 번 방문했었다. 간혹 낮이 짧은 겨울철에는 어둑한 새벽녘에 집을 나서야 해지기 전에 돌아올 수 있었다. 용산 시외버스정류장에서 버스를 타고 수원, 용인, 양지를 거쳐서 백암에 도착하면 이럭저럭 점심때쯤 되었다. 벌터에서 내려 다시 30분은 족히 걸어야 대흥동에 도착했다.

버스는 거의가 완행이었고 정거장도 따로 없었다. 서울-수원을 제외하고는 도로가 비포장이었으니 몇 시간 털털거리고 나면 몸이 후줄근해지곤 했다.

게다가 수명이 다한 미군 트럭 엔진을 사용하는 버스는 고장 나기 일쑤였다. 길가에서 손을 들면 태워주었고 또 승객이 원하면 아무데서나 내려주었다.

서울에서 백암까지 가는 데 서너 시간 이상 걸렸다.

그 시절이나 지금이나 대흥동은 크게 달라진 것이 없다.

현재 이 마을에는 십여 가구가 옹기종기 모여 살고 있다. 그 중 절반은 혼자 사는 할머니들이다. 서울에서 승용차로 한 시간 거리밖에 되지 않는데도 1970년까지 전기가 들어오지 않던 오지다.

올해 상수도 공사를 할 모양이다. 동네가 너무 조용해서 어쩌다 들르는 사람들은 절간에 온 것 같다고 했다.

이런 환경에 몇 년 익숙해지다 보니 아파트에 가면 바로 불편해진다. 아들이 사는 아파트에서 하루 이틀 지낸 적이 있는데 불빛과 소음 때문에 숙면을 취할 수가 없었다. 십여 년 만에 시골 사람 다 된 것이다.

그런데 사실 내가 시골 사람임을 확인시켜 주는 곳은 따로 있다. 바로 장터다. 장터가 재래시장처럼 따로 있는 것은 아니지만 닷새마다 열리는 장날 여기저기 기웃거리고 있는 자신을 돌아보면 영락없는 시골 노인이다.

어쩌다 장터에서 동네 사람을 만나 막걸리 한 잔 걸치게 되면 비로소 내가 이곳 사람이라는 것을 실감한다.

그렇기는 해도 요즈음 장터에서는 옛날 장의 정취를 거의 느낄 수가 없다. 매번 같은 장소에 같은 업종의 장사꾼들이 똑같은 물품을 진열해 놓고 있거나 똑같은 음식을 만들어 판다.

이들은 물품을 트럭에 싣고 장이 서는 곳을 순회한다. 백암 토박이한테서 들은 말로는 장돌림들이 담합하여 점포의 위치나 상품의 종류를 통제한다고 한다. 그래서 같은 품목으로 새롭게 장터 중심부에 진입하는 것은 쉽지 않은 모양이다.

예전에는 요즈음처럼 직업적인 장돌림, 속칭 장돌뱅이보다는 집에서 재배한 것을 소규모로 파는 사람들이 많았다. 아직도 대부분 할머니들뿐이긴 하지만 좌판 벌려 놓고 제철 채소나 과일을 파는 모습을 볼 수 있다. 그런데 이마저도 상업적으로 구매한 것을 함께 파는 경우가 대부분이어서 특별할 것이 없다.

또한 장날에 무슨 별다른 물건을 살 수 있는 것도 아니다. 간혹 수수부꾸미 같이 요즈음은 흔히 볼 수 없는 먹거리가 나오면 너무 반가워 필요 이상으로 사기도 한다. 그러나 농협 하나로 마트에 가면 사실상 살 수 없는 것이 거의 없고 품목에 따라 훨씬 싸다.

다만 각종 채소 모종은 어김없이 때맞추어 장에 나오기 때문에 나 같은 텃밭 농사꾼에게는 더할 나위 없이 편리한 곳이 장터다.

아무튼 옛날 장터에서는 왁자지껄한 삶의 온기를 느낄 수 있었지만 요즈음은 그저 임시로 서는 시장의 풍경만 볼 수 있을 뿐이다. 이마저도 하나씩 둘씩 사라지고 있다.

불과 40여 년 전까지만 해도 웬만한 면소재지마다 크고 작은 5일장이 서곤 했다. 그렇게나 많던 5일장이 편의점이나 마트가 시골 구석구석까지 들어서면서 대부분 모습을 감추었다. 어디 편의점뿐이랴.

백암면 전체 인구가 만 명 정도이고 그 중 삼분의 일 이상이 백암에 사는데 커피숍에 다방까지 합치면 커피를 파는 곳만도 스무 군데가 넘지 않나 싶다. 일반의원과 치과의원, 한의원과 한약방 다 합하면 여덟 군데나 된다. 파리바게트, 롯데리아도 들어와 있다.

이 정도니 다른 것은 말할 것도 없다.

5일장이 아직까지 남아 있다는 사실이 신기할 정도다. 이제 용인시에는 용인장과 백암장 두 군데만 명맥을 유지하고 있다.

그렇게 줄었지만 옛날이나 지금이나 한결같은 모습이란 장터에서는 바쁠 것이 없다는 것이다. 번호표 뽑고 순서를 기다리는 것과 같은 질서는 애시 당초 존재하지 않는다.

더군다나 신용카드와 같은 일상화된 거래 방식도 극히 일부를 제외하고는 통하지 않는다. 거의가 현금으로 결재한다.

백암장이 전국적으로 유명했던 이유는 소전거리 또는 우전거리라고 불렸던 우시장 때문이었다. 당시에는 소를 묶어두는 말뚝인 소말장이 수백 개씩이나 있었다.

농민들이 집에서 키운 소 한 마리 끌고 오는 것이 보통이었지만 아래 지방 특히 호남에서는 열 마리 이상 차에 싣고 와서 팔기도 했다. 이웃 이천 지방에서도 산길을 넘어 소를 몰고 왔다. 그래서 소 주인과 소가 머무는 소마방이라는 곳도 있었다. 여기서 거래되지 않은 소는 다시 수원장으로 가져가서 팔았다.

장이 서면 사람들로 북적거렸지만 사실상 큰돈이 도는 곳은 우시장이었다. 자연스럽게 인근에 도축장이 한 곳 있었다.

도축장에 끌려가는 소는 처음이자 마지막으로 눈물을 흘린다고 하는데 정말 그런지는 모르겠다. 예전에는 소를 잡을 때 커다란 쇠망치로 정수리를 내려치는, 그야말로 원시적인 방식을 사용했다.

그 광경은 끔찍했을 것이다. 왜 백정을 천하게 여겼는지 짐작이 되는 부분이기도 하다.

그 시절 백정은 푸줏간 주인이기도 했다. 내가 단골로 다니는 푸줏간 주인은 3대째 가업을 이어오고 있다. 자신에게서 대가 끊길 것이라고 아쉬워했다.

그런데 우연의 일치인지 모르지만 푸줏간 집 사람들은 대체로 때깔이 고와 보였었다. 땡볕에서 농사일로 피부를 노출시킬 일이 없어서 그랬을 것이라고 추측을 해보았다. 아니면 그 시절 너나 할 것 없이 모두 끼니 때우기가 어려웠는데 푸줏간 집에서는 자투리 고기라도 얻어먹을 수 있었기 때문일 것이다.

푸줏간 집 식칼이 녹슨다는 속담이 있지만 입 하나 덜려고 딸자식을 남의 집 식모살이 보내던 시절이었으니 비록 천시했지만 푸줏간 집으로 시집가면 먹고 살 걱정은 없었다.

백암은 순대로 유명하다. 내가 순대국을 처음 먹어본 곳도 백암이다. 오래 전 아버지의 초등학교 제자였던 김덕환이라는 분이 백암에서 한약방을 하고 계셨다. 김 원장님은 인품이 훌륭해서 주위 사람들로부터 널리 존경을 받았다. 김 원장님이 이끄는 대로 허름한 초가집에서 순대국을 먹어 보았다.

문을 열고 들어서자 한 옆에 가마솥이 펄펄 끓고 있었고 작은 방에서 대여섯 명이 연신 땀을 훔치며 순대국을 먹고 있었다.

우리가 구석자리에 앉으니 방이 꽉 찼다. 그때는 색깔도 검고 물컹하게 씹히는 느낌이 싫어서 순대를 제쳐 놓고 먹었다. 그렇지만 예상외로 돼지의 꾸릿한 냄새도 없었고 '이상스럽게' 생긴 돼지 머리 고기가 엄청 많이 들어 있었다. 내가 국밥을 먹고 있는 것인지 아니면 삶은 고기를 먹고 있는 것인지 헷갈릴 정도였다.

한참이 지난 다음에야 순대의 깊은 맛을 알게 되어 나중에는 일부러 순대를 사려고 먼 걸음도 마다하지 않았다.

요즈음 백암 순대는 옛날 맛이 나지 않는다. 현대화된 사람들의 입맛에 맞추느라 담백하게 만들어서 그렇다고 한다.

예전에는 돈이 귀했다. 1960년대만 해도 우리나라 인구의 절대 다수가 농업인이었다. 조금 과장하면 우리나라 사람 대다수가 대충 자급자족했다는 말이나 다름없다. 그러니 시골에서는 좀처럼 돈 구경을 할 수가 없었다. 이런 사정을 조금이나마 해결해 주는 곳이 바로 장터였다. 장날이 되면 수확해 두었던 곡식을 내다 팔아서 돈을 마련했다.

목돈이 될 만한 것은 그래도 쌀이나 고추, 깨, 마늘이었다. 남자들은 쌀 한 가마(80kg) 정도를 지게에 지고 십리 또는 이십 리 길을 걸어서 장터까지 날랐다.

대흥동 아주머니들도 보통 쌀 서 말(30kg)까지 이고지고 십리 길을 걸어 장에 내다 팔았다고 한다. 돈이 더 필요하면 하루에 그 길을 두 번씩이나 왕복해야 했다. 그런 고난의 행군을 했어도 아주머니들에게는 국밥 한 그릇 사먹는 사치도 허락되지 않았다. 장국밥에 막걸리 한 잔 걸칠 수 있는 특권은 오로지 가장의 몫이었다.

그때는 쌀을 구매하러 가는 것을 "쌀 팔러 간다."고 했다. 처음에는 도무지 이해가 되지 않았다. 왜 쌀을 사러가면서 팔러간다고 할까 의아했지만 모두들 그렇게 말하니 그러려니 했다. 고추나 깨와 같은 작물은 대체로 도시에서 온 상인들이 훑어갔다.

가격도 흥정하기 나름이었고 추가 달려 있는 대저울을 사용하여 무게를 달았다. 무게 때문에 시비가 붙는 일은 다반사였다. 저울을 사용하는 사람에 따라서 약간의 오차가 생기는 것은 어쩔 수 없지만 어수룩한 농사꾼이 상인의 능숙한 손놀림을 당해낼 수는 없었다.

그렇지만 농민들에게는 한 푼이 아쉬운 시절이었고 가장은 어떻게 해서든 돈을 만들어야 했기 때문에 시장은 늘 북적거렸다. 돈이 귀한 때라 물물교환도 이루어졌다.

장터는 정보가 교환되고 사람을 만나는 곳이기도 했다.

오랜만에 친구, 지인들을 만나서 막걸리 잔을 기울이며 팍팍한 삶의 시름을 잠시나마 달래기도 했다. 그 시절 백암 사람들은 거의가 토박이들이었다. 여러 대에 걸쳐 살면서 혼인, 학교 등으로 얽혀 있어서 모두가 모두를 알고 있다고 해도 과언이 아니었다. 시쳇말로 남의 집 부엌에 숟가락이 몇 개인지도 훤했다. 옛날 모두가 땅에 묶여 살아서 이사 갈 일이 없었기 때문이다.

농사철이 되면 동네 사람들끼리 품앗이 노동으로 서로를 도왔다. 인력에 의지해서 농사를 지었으니 달리 방법이 없었을 것이다. 이런 관행이 오랜 세월을 두고 굳어져 지극히 폐쇄적인 공동체가 형성되었다. 유대감의 형성이라는 측면에서 보면 더할 나위 없이 좋았겠지만 그 부작용도 만만치 않게 축적되어 있다.

한 예를 들면, 이들은 끼리끼리 사이에는 결코 척짓는 일을 하지 않는다는 불문율 같은 것이 있다. 누군가 위법한 짓을 해도 그걸 문제 삼거나 고발하지 않는다. 일단 입 밖에 내면 온 마을, 지역에 순식간에 퍼지고 자칫 왕따가 될 수도 있기 때문이다.

음주운전 단속도 백암파출소 경찰이 하지 않고 다른 지역 경찰이 불시에 와서 한다. 그런데 그것도 쉽지 않은 것이 휴대폰으로 재빨리 단속 정보를 상호간에 전달해 준다고 한다. 그렇다고 이들이 의리가 남다르다는 말은 결코 아니다.

가까이 들여다보면 여기도 사람 사는 곳이라고 별의별 일이 다 있다. 다 같은 단군 할아버지의 자손들인데 이곳 사람들이라고 특별할 이유가 없다. 형제나 친척간의 소송질은 흔하다고까지 할 수는 없어도 사람들 입방아에 심심치 않게 오르내린다. 형수와 금지된 사랑을 하다 다음을 기약하며 일찍 생을 마감한 '애절한' 사랑도 있었고, 운전면허 필기시험을 통과하지 못해 그 상실감을 보상이라도 받으려는 듯 초고가의 오토바이를 사서 타고 나간 날 바로 황천객이 된 영혼도 있었다.

평생 농사일에 매달려 살았지만 품위 있게 나이를 잡숫는 분들이 있는가 하면 '그 양반 인생 헛살았네.'라는 말이 절로 나올 정도로 마음이 편협한 노인네도 있다. 남 속여 먹은 일을 무용담처럼 떠벌이는 고약한 사람도 있다. 또한 지나치다 싶을 정도로 자기관리가 반듯한 사람도 있다.

물론 이런 사람은 잘 드러나지 않는다. 이런저런 소문들은 특히 장날 입소문을 타고 빠르게 번져 나간다. 특별할 것도 없어 보이지만 장날의 풍경은 그 나름 인생 한 모퉁이의 축소판이라고 할만 했다.

장날은 돈이 도는 날이지만 또한 노름판이 커지는 날이기도 했다. 현금을 손에 쥘 때는 좋았지만 그 돈을 모두 날리고 빚까지 지는 일이 정말 허다했다. 노름빚 때문에 토지가 날아가고 남의 집 머슴이 되기도 했다. 옛날 시골에서는 겨울 동안 할 일이 없었다. 새끼를 꼬거나 가마니를 짜는 정도가 고작이었다. 봄에서 가을까지 허리 한 번 제대로 펴지 못하고 노동에 찌들었던 농사꾼에게 겨울철 소일거리라고 할 만한 것은 막걸리나 노름이 고작이었다.

노름은 마약 같아서 빠져 나오기가 어렵다. 늙은 어머니가 노름판에 빠져 있는 아들을 붙들고 그만 집에 가자고 애원을 하는 웃어넘기지 못할 촌극이 벌어지기도 했다. 나라에서 법으로 금했던 밀주를 집에서 몰래 만들어 먹다가 혼쭐이 나는 일도 심심치 않게 있었다.

머슴들도 노름판에 기웃거리지 않고 알뜰히 모은 사람은 나중에 주인집보다 더 잘살게 되는 경우가 많았다.

머슴들은 봄에 파종할 때부터 가을걷이하고 겨울 땔나무까지 해놓고는 세경을 받아 떠났다. 더러는 이곳 사람들과 결혼하여 정착하기도 했다. 대흥동 주변에서 소를 2백 마리나 키우는 축산업자도 어린 시절 새끼 머슴살이를 한 적이 있는 사람이다.

그의 이야기를 들어보면 그 시절에 어떻게 살았나 싶을 정도로 험난

했던 것 같다. 최근 한우 값이 좋았을 때 한 마리에 천만 원 넘게 받기도 했다고 한다. 가히 인생역전이 따로 없다.

세상이 좋아져 농사일도 기계로 하는 시대가 되었다. 대흥동 일대에서 농사짓는 사람들을 보면 누구나 트랙터는 갖고 있다. 남의 논까지 합해서 백마지기 넘게 농사짓는 정도가 되면 이앙기나 콤바인도 갖추고 있다. 승용차도 많아져서 장날 백암에서는 주차하기가 아주 어려워졌다. 식당도 왜 그리 많은지 도시와 다를 게 없다. 벤츠를 세워놓고 밭일하는 농부를 보는 것이 이제는 화제 거리도 아니다.

아무튼 도시와 시골의 격차가 많이 엷어진 것 같다.

1960년대 초까지 서울 사람들은 (특별)시민증, 그 외의 지역 사람들은 도민증을 갖고 다녔는데 시민증은 부러움의 대상이었고 도민증은 '되민증'으로 불리며 비하의 대상이 되기도 했다. 이제 주민증으로 통일되어 있고 생활도 아파트 덕분에 직간접적으로 획일화되어 도시 시골이 따로 없어지다시피 되었다.

내 경우 대흥동에 살면서 딱히 불편하다고 느껴본 적이 없다. 분당에 살 때와 별 차이가 없다.

한 가지 다른 점이 있다면 그건 도시에서는 도저히 맛볼 수 없는 느릿느릿한 삶과 아직도 부뚜막의 온기처럼 훈훈하게 남아 있는 시골 인심이다.

귀향살이

대흥동은 나의 고향이다.

아니 보다 정확하게 말하면 나의 아버지의 고향이다. 나는 십여 년 전에 집을 지어 이사오기 전까지 대흥동에서 산 적이 없다. 면사무소가 있는 백암에서 불과 십리 남짓 떨어진 곳이지만 나지막한 산으로 폭 싸여 있어서 동네 입구에 도착하기 전까지는 잘 보이지 않는 산골 같지 않은 산골 마을이다.

나는 꽤 오래 전인 40대부터 시골 생활을 꿈꾸었다. 아파트 생활이 여러 가지로 편리하긴 했지만 답답하고 무엇보다도 시끄러워서 늘 벗어나고 싶었다. 그간에도 대흥동은 1년에 두세 번씩 들리곤 했다. 부모님 묘소가 있고 동네가 집성촌으로 모두 정(丁)씨 성을 가진 친척들이 살고 있어서 때가 되면 어김없이 방문했다.

대흥동에는 아버지가 은퇴하신 후 살려고 지어놓은 집이 한 채 있었다. 아버지는 그 집에 살아 보지도 못하고 일찍 돌아가셨다. 십여 년 이상 방치되다시피 하여 흉가처럼 변했다. 당숙의 조언에 따라 집을 허물어 버렸는데 이것이 큰 실수였다. 몇 년 후 집을 다시 지으려고 보니 그 집은 무허가 집이었다.

시골에는 아직도 무허가 집들이 심심치 않게 남아 있다. 예전부터 자신 소유의 토지에 집을 짓고 몇 대를 이어 산 사람들 중에는 새삼스럽게 주택 허가를 받지 않고 그냥 살기도 한다. 어떤 연유로 아버지가 무허가 집을 지으셨는지 모르지만 십여 년에 한 번 정도씩 특별조치법에 의해 시골에 있는 무허가 집들이 양성화되곤 한다. 그래서 그때까지 기다렸어야 했는데 이것을 미처 몰랐다.

집 앞에 나 있는 길이 아직도 명목상 개인 소유로 되어 있어서 토지 사용 승낙을 받아야 했다. 그런데 여기서 막혀 버렸다. 오래 전 우리 집에서 꽤 오래 한솥밥을 먹은 적이 있는 친척 형님은 요지부동 승낙을 해주지 않았다. 전혀 예상도 못 했던 일이었다.

또 몇 년을 보내고 우여곡절 끝에 지금 자리에 집을 지었다.

토지 구조상 남향으로 지을 수가 없어서 서향집이 되었는데 살면서 보니 냉난방 비용이 남향집의 두 배 이상 드는 것 같다. 집을 지을 때 속을 많이 썩게 된다는 말을 자주 들은지라 걱정이 많았다. 그래서 여기저기 수소문해서 믿을 만한 업자를 찾는다고 했는데 결과적으로 최악의 선택을 하고 말았다.

건축사가 집짓는 업자인 친구와 함께 짓는다고 해서 믿고 맡겼는데 이 사람 돈에 혈안이 돼서 대충대충 기본도 지키지 않고 자재도 좋은 것을 전혀 사용하지 않았다. 나중에 목수 일을 하는 친척 동생에게 집 수리를 맡겼는데 그는 도대체 이렇게 집을 지을 수도 있느냐고 되물었다. 외관은 그럴 듯한데 내부는 아주 형편없이 된 것이다. 하다못해 물받이 하나 제대로 설치되지 않았다.

계약서대로 돈을 때맞추어 정확하게 지불했는데 준공도 받아주지 않고 잠적해 버렸다. 전화도 받지 않았다. 내 평생에 이렇게 속을 썩인 적이 없었다. 집을 한 번 다시 짓고 싶지만 이제 나이도 많고 경제적 여유도 없어서 그냥 사는 수밖에 없다.

집을 지어 놓기는 했지만 아내는 일을 하고 있었기 때문에 처음에는 혼자 시골집과 아파트를 오가며 지냈다. 얼마 지나지 않아 아내의 절친한 친구가 인근에 농가를 빌려 남편 병구완을 하고 있다고 해서 병문안을 갔다. 혹시 공기 좋은 시골에서 요양을 하면 병세가 호전되지 않을까 하는 마지막 희망을 갖고 내려왔다고 했다.

같은 책상물림인 데다 부부끼리도 자주 만난 적이 있는 친근한 사람이었다. 이들이 머물고 있는 집은 많이 쇠락해 보였다. 병자가 기거하기에는 환경이 너무 열악했다. 나는 이 부부에게 흔쾌히 집을 내주고 아파트로 철수했다. 그는 이 새 집에서 3개월을 살다가 갔다. 세상을 등지기에는 너무 젊었고 너무 능력이 많은 사람이었다.

대흥동에 살기 시작한 지 삼사 년 되었을 무렵 40 초반의 총각이 췌장암으로 세상을 떠났다. 곧 이어서 같은 나이 또래의 총각이 간암으로 죽었다. 특별한 직업도 없이 동네에서 허드렛일 해주고 살던 사람이었다. 소주를 입에 달고 다녔다. 그 후 1년도 되지 않아 간암으로 또 한 사람이 타계했다. 40대 후반이었는데 이 사람도 알코올 중독 때문에 세상을 등졌다. 그러자 이번에는 70대 초반의 노인네가 농약을 마시고 자살했다. 우울증이라고 했다.

3~4년 사이에 남자 10여 명 중에서 네 명이나 죽었으니 대흥동이 주변 사람들의 입방아에 오르내린 것은 당연했다. 게다가 이 무렵 또 한 사람은 식품 관련된 사기 범죄로 징역 4년형을 받고 복역 중이었다.

한동안 동네 전체가 우울해 보였다. 내가 오지 말아야 할 데를 온 것이 아닌가 하는 생각이 들기도 했다. 그런데 이런 것도 잠시, 금방 평상으로 돌아갔다.

아버지가 생존해 계실 때 대흥동 친척들이 심심치 않게 서울 집에 들르곤 했다. 대개 하루 이틀 묵고 갔지만 대학을 다니던 어떤 친척 형은 1년 정도 같이 살기도 했다. 공무원 봉급으로 살림이 빠듯했지만 어머니는 친척 분들 가실 때면 늘 차비하라고 돈을 쥐어주셨다. 그땐 어려운 시절이라 서로가 서로를 돕고 살았던 것 같다.

아버지는 대흥동에 가시면 약주를 많이 드셨다. 평소에는 매우 근엄한 분이었지만 술 몇 잔 잡수시면 아주 흥이 많은 사람으로 돌변하시곤 했다. 꽹과리를 들고 집집마다 돌아다니기도 하며 마을 분위기를 바꾸어 놓으셨다. 조무래기 아이들은 무슨 구경거리라도 생긴 듯 아버지를 따라 다녔다.

고향에 가면 마음이 풀어지게 마련이지만 대흥동은 아버지에게 단순한 고향 그 이상의 곳이었다. 논 다섯 마지가가 전 재산인 빈농의 장남으로 태어나 독학으로 고시에 합격했으니 고향 땅에 오면 매번 소회가 남다르셨을 것이다. 당시에 대흥동만이 아니라 용인 출신으로 고시에 합격한 사람은 아버지가 유일했다. 하긴 합격자가 불과 삼십여 명 남짓했으니 그 희소가치는 대단했을 것이다.

9년 터울의 작은 아버지도 육사를 나온 장군이셨다. 예전에 시골 사람들에게 군대의 별은 그야말로 하늘의 별과 같은 것이었다. 그래서 지금도 나이 많은 사람들은 '과거(科擧)에 급제'했던 아버지보다 별판 달린 차를 타고 나타났던 작은 아버지를 더 인상 깊게 기억하고 있다. 아무튼 5~60년 전 용인 사람치고 아버지 형제를 모르면 이상하다고 할 정도였다고 한다. 두 분 모두 60 중반을 넘기지 못하고 돌아가셨다.

어찌 보면 아버지의 귀향 꿈을 내가 이룬 셈인데 아버지가 생전에 이곳에 오셨다면 어떤 모습으로 사셨을까.

올해로 대흥동에 이사 온 지 14년 째 접어들었다. 처음에는 모든 것이 서툴러서 시행착오를 많이 겪었다. 아무리 집성촌이고 고향이라고 해도 낯선 것은 어쩔 수 없는 현실이었다. 내가 전에 가끔씩 뵙던 분들은 거의 고인이 되셨고 이제는 50대에서 70대 사이의 그 다음 세대들이 몇 명 남아 있다.

아저씨들은 한두 분 빼곤 일찌감치 세상을 뜨셨는데 80을 넘긴 아주머니들은 여전히 밭일을 거들며 아직도 건재하시다. 다들 유모차 한 대씩 끌고 디니지만 징신 줄을 놓거나 한 분은 없다. 이분들은 농사일이 없을 때는 한 군데 모여서 식사를 하며 시간을 함께 보낸다.

매일 얼굴을 맞대다시피 하니 특별히 할 이야기 거리도 없을 것 같지만 늘 두런두런 소리가 들린다. 처음에는 누가 누군지 잘 구별이 되지 않았다. 나와 촌수가 어떻게 되는지 몇 번 들었지만 헷갈리기도 했는데 오래 지내다 보면 사실 그런 것은 별로 중요하지 않다. 그저 아주머니라는 호칭이면 되었다. 간혹 먹을 것을 갖다 드리기도 하고 청요리를 사드리기도 하지만 이분들도 머지않아 못 보게 될 것이다.

요즈음 나이 60은 청년에 해당한다. 마을마다 청년회가 있는데 여기 청년회장은 60살이다. 남자래야 열 명도 안 되고 그나마 일부는 생업 때문에 바깥으로 돌아서 자주 보지도 못한다. 그래도 사람 사는 곳이라 시비도 일어나고 사건도 생긴다. 이런 시골 바닥에 있을 것 같지 않은 대형 뉴스거리도 있었다.

10여 년을 살면서 보고 듣고 직접 경험한 것을 글로 엮어보면 어떨까 하는 생각을 해본 적이 있다. 시골 사람들은 대부분 말이 느리고 오랜 세월 햇볕에 달구어진 피부 때문에 간혹 그 사람이 그 사람 같기도 하지만 다들 한 성질 한다.

생활이 단순하고 농사일이라는 공통성 때문에 자신을 뚜렷하게 드러낼 일은 별로 없지만 한 번 심통나면 꽤 오래간다.

대흥동에 내려와 살기 시작한 후 처음 몇 해 동안은 마당에서 고기를 꽤 자주 구워 먹었다. 지인들이 방문하면 백암 시내의 식당에서 대접해도 되지만 나는 이 구석까지 찾아와 주는 것이 고마워서 늘 숯불을 피웠다. 요즈음도 날씨만 좋으면 방문객과 함께 고기를 구워 먹는다. 아내는 손님 접대가 소홀하게 되는 것만은 참지 못한다.

그래서 손님이 온다고 하면 집안 대청소는 물론이고 음식 장만으로 분주해진다. 조금 과장하면 무슨 잔칫상 준비하는 것 같기도 하다. 간혹 이것 때문에 마찰이 생기기도 하지만 이건 아내가 자라면서 보고 배운 것이라, 즉 처가의 전통이라 내가 어찌할 수가 없다.

예전에는 시골에 집성촌이 꽤 있었다.

백암면에도 몇몇 집성촌이 있었는데 이제는 대흥동이 거의 유일하다고 한다. 삼백 년 전 11대조 할아버지의 부인이 어린 아들을 데리고 이곳에 들어와 살기 시작하면서 자손들이 퍼져나갔다고 한다. 다른 집성촌과 다른 점은 외딴 곳에 위치한 아주 작은 마을이기 때문에 타성받이가 끼어들어와 살 여지가 별로 없었다는 것이다.

사실 예전에는 교통 환경이 열악하고 생업 수단을 찾는 것도 마땅치 않아서 농사일 하는 시골 사람들이 움직이는 것은 쉽지 않았다. 같은 성을 가진 친족들이 여러 대에 걸쳐 사는 데에는 분명 장단점이 있을 것이다. 보통 집성촌에는 씨족장 비슷한 사람이 있게 마련이다.

마을 일은 대체로 이 사람이 이끄는 대로 처리되는 것이 보통이다. 다른 말로 오피니언 리더인 셈이다. 이런 사람의 개성이 너무 강해서 마찰이 생기는 경우도 생기지만 한 동네에서 평생을 함께 사는 사람들이라 갈등이 오래 가지는 않는 편이다.

간혹 외지에 살면서 고향 마을이 자신의 소왕국이나 되는 것처럼 힘자랑을 하며 댕댕거리는 사람도 있다. 대체로 젊어서 고향을 떠나 돈을 벌었거나 출세한 사람 중에 이런 사람이 있게 마련이다.

타지에 나가 살고 있는 일가들은 보통 연중 한두 번쯤 고향을 방문한다. 그 중 8월 말 벌초할 때 꽤 많은 인원이 모인다. 십여 년 전 벌초를 마친 후 처음으로 회의에 참석했다.

종중의 문제를 가지고 회의랍시고 하는데 도무지 무슨 내용인지 알아들을 수가 없었다. 한참 동안 이 사람 저 사람 왁자지껄 하다가 급기야 욕설까지 등장했다. 회의를 주관하는 사람도 자신의 주장만 되풀이하는데 듣고 있기가 민망할 정도였다.

처음에는 이게 일가친척들의 회의인지 믿을 수 없었다. 같은 현상이 매해 반복되면서 내가 알던 고향이 이런 곳이었나 하는 씁쓸한 생각이 들었고 차츰 회의에 참석하지 않았다. 역시 재산 문제였다.

대흥동에서 나지막한 야산을 넘어 30분 정도 가면 약 2만 평 정도의 임야에 정씨 조상들의 묘가 여기저기 흩어져 있다. 바로 옆에 있는 골프장이 이 땅을 구매하려고 했던 모양이다. 그런 말이 있기 전까지는 그야말로 아무런 가치도 없는 악산에 불과했다. 그런데 구체적인 액수까지 오고갔는지 사람들이 죽기로 작정하고 싸워대는 것이었다.

예전에는 재산을 종중 명의로 등기할 수 없었다. 그래서 몇몇 사람 앞으로 명의상 등기를 해놓는 경우가 많았다. 그런데 그분들이 모두 돌아가시고 자손들에게로 상속된 채로 세월이 흐른 것이다. 이들은 대부분 타지로 나간 지 오래 되었고 친척이란 유대감도 희미해진 사람들이다. 보기에 따라서는 남만도 못 한 관계가 대부분이다. 재산 문제로 의가 틀어져 서로 소송질을 하고 원수가 된 형제들도 있다.

종친회마다 재산 문제로 몸살을 앓는다고 하는데 이곳도 예외가 아니다. 골프장 쪽이 임야 전체를 매입하고자 하니 개별적으로 팔아치울 수는 없었다. 또한 묘가 여러 기 있어서 종중의 합의가 없는 한 매매는 불가능한 상태였다. 내놓으라는 쪽과 절대로 내놓지 못하겠다는 쪽이 팽팽하게 맞선 채 몇 년이 흘러갔다.

그러다가 골프장이 구매 의사를 철회했다. 종중 재산으로 싸우던 사람들이 닭 쫓던 개 지붕 쳐다보는 신세가 되었다.

대흥동은 요즈음 상수도 공사가 한창 진행 중이다.

숙원 사업이던 새 경로당을 조그맣게 짓고 있는 데다 상수도까지 들어오게 되어 동네가 분주해진 느낌이다. 지하수가 수량도 적고 맛도 그저 그래서 이제나 저제나 고대하고 있었는데 다행이었다. 올해 안에 도로도 2차선으로 확장되어 대흥동의 풍경이 많이 바뀔 모양이다. 적극적으로 반대하는 사람이 있었기 때문에 꽤 오래 지연이 되었다고 하는데 정말 그랬을 것 같지는 않다.

물론 집성촌과 같은 공동체에서는 핏대를 올리는 사람이 한 명이라도 있거나 하면 일이 잘 진척되지 않는다.

나는 집에 바로 붙어 있는 밭 일부(50평)를 빌려 텃밭 농사를 짓고 있다. 농사라고 할 것도 없는 것이 봄에 감자, 고구마 등을 심고 늦여름에 김장 배추 심어서 주변 사람들 조금씩 나누어 주는 재미로 하는 취미 생활일 뿐이다. 이마저도 작년에는 멧돼지가 고구마를 몽땅 잡숫고 가서 하나도 수확하지 못했다.

올해는 고구마를 심지 않으려고 했다. 그런데 그 사이 멧돼지 몇 마리를 잡았다는 소식을 듣고 혹시나 하는 마음에서 또 심어 보았다. 결과는 마찬가지였다. 처음에는 고구마 잎사귀 먹으러 고라니가 몇 번 다녀가나 했더니 아예 멧돼지가 밭을 직실내 버렸다. 아직 고구마가 영글지도 않았는데 이건 좀 심한 것 아닌가. 이놈들이 내가 그간 누리던 평화롭고 느릿느릿한 삶에 물을 먹이려는 것 같다. 좀 봐주라.

마루

7월 2일 밤늦게 고라니가 안마당까지 내려왔던 것 같았다.

고라니의 울음소리는 밤에 들으면 정말 소름이 끼친다. 그런데 지난 밤의 고라니 울음소리는 너무 슬프고 괴이하기까지 했다. 아내가 깜짝 놀라서 이게 무어냐고 물었다. 나는 고라니가 고구마 잎사귀 먹으러 내려온 것이니까 그냥 자라고 했지만 이상한 생각이 들었다. 그렇지만 나도 너무 피곤해서 그냥 내쳐 잤다. 다음날 생각해 보니 고라니가 마루 삼우제를 지내주려고 왔다 간 것이 틀림없었다.

골든 리트리버 종인 마루는 닷새 전에 갑자기 세상을 떠났다. 세 살도 채우지 못하고 갔다. 내가 죽인 것이나 다름없었다. 그날 저녁 무렵에 산보를 가려고 늘 하던 대로 마루에게 갔는데 개 집 바로 밑에 파놓은 굴에서 나오는 표정이 영 좋지 않았다. 더위를 먹었나 보다 했지만 늘 가던 코스를 따라갔다.

그런데 마루가 평소와 달리 앞장서질 않았다. 30분 산책이니 크게 개의치 않고 고개 너머까지 갔다. 그러고 보니 언제나 활발하게 움직이던 마루가 요 며칠 사이 얌전해진 것 같았다. 더위 때문이려니 생각했었다. 다시 고개를 넘어오는데 계속해서 힘들어 하는 것 같았다. 멈추기도 했다. 이런 적이 없었는데……. 나는 빨리 집에 가서 찬물로 목욕을 시켜 줘야겠다고 작정하고 길을 재촉했다.

집에 와서 물을 뿌려 주었더니 시원한지 가만히 있었다. 몸에 진드기가 여기저기 붙어 있었다. 그것들을 떼어내면서 계속 물을 뿌려 주었다. 마루가 잔디밭에 누워서 물을 닦아내려고 비벼댔다. 다시 일어나서 계속 물을 뿌려 주었는데 이번에는 몸을 옆으로 하고 누웠다. 잠시 뒤에 물 뿌리기를 멈추고 보는데 마루가 움직이지 않았다. 머리와 몸을 흔들어 보아도 반응이 없었다.

너무 황망해서 어떻게 해야 할 줄을 몰랐다. 단골 동물병원에 전화를 걸었다. 왕진을 요청했는데 상태를 들어보더니 이미 늦은 것 같다고 했다. 세상에 이렇게 가는 수도 있나. 망연자실한 채 한동안 그냥 서 있었다. 마루를 보니 파리 몇 마리가 벌써 달라붙어 있어서 그대로 놔둘 수가 없었다. 집 옆에 있는 숲에 묻어주어야겠다는 생각으로 땅을 팠다. 금방 삽자루가 부러졌다. 이웃집에 가서 삽을 빌렸다. 마루가 죽었다고 하니 믿을 수 없다는 반응이었다. 바로 30분 전에 보질 않았던가.

땅을 깊이 파고 마루를 안아다 뉘었다. 밤에 비가 왔다. 아내에게 전화로 마루의 죽음을 알렸고 아내는 다시 아이들에게 소식을 전했다. 딸아이는 울고불고 했다. 아들은 마루가 좋은 곳으로 갔을 것이라고 나를 위로했다. 하지만 마루는 내가 죽인 것이나 다름없었다. 내가 찬 물을 너무 많이 끼얹어 쇼크사한 것이 분명했다.

말 못 하는 짐승이지만 마루는 자신의 감정을 전달할 줄 아는 특별한 동물이었다. 마지막 재롱을 부리던 모습이 너무 선해서 기가 막혔다. 사람을 그렇게 좋아하는 개는 본 적이 없었다. 고양이가 자신의 밥을 먹어도 꼼짝도 못 했다. 사람만 보면 너무 반가워서 어쩔 줄 몰라 하던 모습이 자꾸 눈에 어른거렸다. 동네 아주머니들은 마루가 주인을 잘 만나서 호강한다고 말하지 않았던가.

그러나 사실은 주인을 잘못 만나 단명하고 말았다. 마루는 스스로의 운명을 알고 있었을까? 나를 얼마나 원망하며 갔을까? 마루에게 너무 미안했지만 내가 할 수 있는 일은 이제 아무 것도 없었다. 매일 마루가 묻혀 있는 곳을 보며 마루와의 추억을 떠올릴 뿐이었다. 다시는 개를 키우거나 할 수 없을 것이다. 농사를 망치는 고라니지만 나를 대신해 마루 삼우제를 지내 주어서 고맙기만 했다.

아들이 2년 반 전 겨울에 내 뜻과는 상관없이 마루를 데려왔을 때 무척 당황스러웠었다. 똥오줌을 가리지 못하는 짐승을 집안에서 키울 수도 없었고 그렇다고 추운 겨울에 마당에 묶어놓을 수도 없었다. 하는 수 없이 유리로 사방이 막혀 있는 데크에서 커다란 종이 상자로 임시 거처를 마련해서 겨울을 나기로 했다. 추울 것 같아서 담요에 이불까지 덮어 주었다. 아침만 되면 오줌똥 치우기가 보통 일이 아니었다.

이 나이에 웬 고생인가 싶어 아들을 원망했다. 개 훈련소에 문의를 해보았다. 똥오줌 가리고 간단한 명령 알아듣는 데 3개월쯤 걸리고 비용은 월 150만 원이라고 했다. 그냥 집에서 함께 사는 수밖에 없었다. 낮에는 햇볕이 들어서 문제가 없었지만 밤에는 엄청 추웠기 때문에 얼어 죽지나 않을까 하는 걱정이 들었다. 이른 봄 집 앞 쪽에 붙어 있는 데크에서 키우기로 하고 출입문 공사를 했다. 재료를 사다가 톱질하고 망치질을 해서 엉성하게나마 마루가 뛰어다닐 수 있는 공간을 마련했고 집도 손수 지었다.

그러나 선부른 목수가 지은 집은 너무 커서 모양새도 나지 않았고 불편했다. 아침에 똥오줌 치우고 먹이 주려고 들어갈라치면 마루는 데크를 벗어나 나가려고 했다. 한 번 나가면 다시 불러오는 일이 만만치 않았다. 묶어놓지도 않았고 데크가 꽤 넓었는데도 마루는 밖으로 나가서 마음대로 뛰놀고 싶어 했다.

여름을 그렇게 지내고 나는 마루를 마당으로 내려 보낼 요량으로 다시 공사를 했다. 보일러실 근처 공간에 울타리를 만들어서 거기서 지내도록 했다. 예상 밖으로 울타리 공사에 많은 돈이 들었다. 그런데 문제가 생겼다. 마루가 울타리 밑을 파서 바깥으로 나가곤 하는 것이었다. 크고 작은 벽돌을 사다 막아 보았지만 별 효과가 없었다. 밤늦게 데크 쪽 문 앞에 마루가 나타나곤 했다. 나오긴 했지만 다시 집에 들어갈 모양이니 데려가라는 것이었다.

겨울이 다가오자 또 걱정이 들었다. 시골 겨울은 매섭다. 더군다나 우리 집은 언덕 위에 자리하고 있고 눈도 잘 녹지 않는 서향이다. 아들 말로는 마루가 털이 많아서 영하 15도까지는 문제가 없다고 했다. 공사장에서 사용하는 담요를 사다가 마루의 집을 둘둘 감았다. 그리고 그 위를 다시 비닐로 덮었다. 그런데 마루는 이것을 찢고 끌어내리고 했다. 뿐만 아니라 데크도 씹어서 엉망으로 만들어 놓았다.

그럭저럭 겨울을 나고 다시 봄이 되었다. 여름에 털 때문에 고생을 많이 했기 때문에 이번에는 털을 깎아주기로 했다. 딸이 수소문한 애견 미용실에서 털을 말끔히 벗겨내었다. 비용이 얼마인지 궁금했으나 내가 싫은 소리 할까 봐 아내도 딸도 말을 해주지 않았다. 나중에 20만 원인 것을 알았다. 애견센터 주인이 마루에게 진드기가 많다고 불평을 했다. 나로서도 도리가 없었다. 털을 깎아주는 것 말고는 방법이 없었다. 동물병원에서 처방해 주는 진드기 약은 효과가 미미했다.

가을에 아내와 외국 여행을 가게 되어 여기저기 알아본 끝에 개 훈련소에 마루를 맡겼다. 열흘간 하루 3만 원씩 해서 30만 원을 지불했다. 훈련소 관리인은 자신이 삼성가의 개를 돌보던 사람이라고 걱정 말고 다녀오라고 했다. 여행을 마치고 공항에서 집으로 가는 길에 마루를 데려가려고 훈련소에 갔다. 미리 전화를 했는데도 그제서야 목욕을 시키느라 부산을 떨고 있었다.

마루도 다소 여위어 보였고 어렵게 구했던 목줄도 온 데 간 데 없어졌다. 산 속이라서 그냥 방치해 둔 것 같았다. 다시는 이런 곳에 맡기지 않으리라 다짐을 하며 집에 돌아왔다. 마루가 얼마나 좋아하던지.

겨울이 돌아오자 날씨가 너무 추워서 걱정이었다. 마루도 추위를 타는 것 같았다. 보일러실에 들여보내기로 하고 간단한 공사를 했다. 처음에는 주저하다가 워낙 추우니까 들어갔다.

내부는 훈훈했지만 문제는 소음이었다. 보일러 돌아가는 소리 때문에 잠을 잘 수 없는지 아침만 되면 마루의 모습이 부스스했다. 2월이 되자 아예 들어가려고도 하지 않았다.

올 겨울에는 근본적인 대책을 마련해야겠다는 생각을 했다. 5월초에 마루 털을 깎아 주려고 바리캉을 빌려다 시도해 보았다. 털이 워낙 가늘고 조밀해서 어림도 없었다. 애견 미용실에 가야겠다는 생각을 하며 차일피일하다 늦어져 버렸다.

이제는 늦은 것이 아니라 늦을 기회조차 없어졌다. 마루에게 너무 미안해서 이제 다시는 개를 키울 수 없을 것 같다.

제4장

작은 경험들

청요리의 추억

나는 대단히 우유부단한 사람이다.

확실하게 결정을 내려야 할 때 우물쭈물하다가 엉뚱한 길로 빠져 난처하게 된 적이 여러 번 있었다. 남의 말 잘 듣는 편이고 무리한 부탁도 단호하게 거절하지 못한다. 자기 코가 석 자인데도 제 일 제쳐놓고 남 도와주기 일쑤다.

얼핏 이타심 많은 훌륭한 사람이라는 것을 슬쩍 돌려서 말하는 것처럼 들릴 수도 있지만 그게 아니고 정말 어리숙하다. 간혹 나의 이런 나약함을 이용해 먹는 사람들도 있지만 이를 뻔히 알면서도 어쩌지를 못한다. 나는 스스로가 참 딱하다는 생각을 하기도 했다. 한 마디로, 사서 고생을 많이 한 편이다.

어떤 정치인이 젊었을 때 있었던 일을 자서전에서 밝혔다가 망신을 당했다. 지금이라면 당장 감옥에 가야 할 중차대한 성범죄에 해당하지만 시효가 지났기 때문에 그저 국민적 조롱거리가 되는 정도로 그쳤다. 예전에 그 정도까지는 아니어도 비슷한 일들이 심심치 않게 있었다. 뉴스거리는커녕 오히려 쉬쉬하고 덮어지는 것이 보통이었다.

50년 전이라면 그리 먼 옛날이 아닌데도 윤리의식에 관한 한 사회의 전반적인 수준이 턱없이 낮았던 것 같다. 나는 맺고 끊지 못하는 성격 때문에 해서는 안 될 일을 몇 번 한 적이 있다. 바로 대리 시험이다. 내가 혹 정치인이라도 돼서 이런 일을 밝혔다면 그냥 넘어가지 못했을 것이지만 그럴 일이 없으니 천만 다행인지도 모르겠다.

대학입시에 실패하고 실의에 빠져서 허송세월하던 시절에 구실만 생기면 밖으로 나가서 당구도 치고 막걸리도 먹었다. 담배도 이때 피우기 시작했다. 다행인지 수중에 돈이 별로 없었으니 자주 그럴 수는 없었다. 그러나 워낙 천성이 게을러서 공부에 집중하지 못하고 구실만 생기면 옆으로 빠졌다.

철이 없었다고나 해야 할까, 아니면 마음이 약했다고나 해야 할까, 어느 쪽이든 바보 같은 세월을 보냈다. 그즈음 나는 청운동에 살았는데 어머니 여섯 형제들이 모두 인근에 모여 살았다.

어머니의 형제들은 우애가 아주 좋아서 왕래가 잦았다. 나와 동년배 사촌이 셋이나 있었다. 둘은 A대, 하나는 B대에 들어갔다. 고등학교는 내가 제일 좋은 데 나왔는데 하필이면 나만 재수낭인이 되고 말았다.

'누가 세상이 공평하다 했는가?'라며 한탄가를 불렀지만 어쩌랴. 콩 심은 데 콩 나고 팥 심은 데 팥 나는 것이 세상의 이치인 것을.

김이 샌 세월을 하루하루 보내고 있는데 B대 사촌이 불쑥 나타나서 영어 시험을 대신 쳐 달라고 했다. 나는 갑자기 이게 무슨 황당한 소리인가 싶어 "뭐라고? 혹시 뭐 잘못 먹었니. 체한 모양이로구나."라고 대수롭지 않게 받아 넘겼다.

사실 나는 대학에 들어가지 않았으니 대리시험이 어떤 것인지 알 까닭도 없었다. 시험을 대신 쳐준다는 걸 들어본 적도 없었지만 말도 안 되는 소리였다.

이 친구는 내 반응에 상관없이 같은 말을 되풀이했다. 내가 재수생이라는 사실은 이 친구에게 별로 중요하지 않았고 그의 생각에 전혀 영향을 끼치지 않았다.

허 무슨 이런 중생이 다 있나. 만일 시험 감독한데 걸리면 어쩌려고. 사촌은 퇴학당하고 나는 개망신당할 것이 뻔했다. 그런데도 사촌은 그런 걱정 말고 그냥 잠깐 왔다 가라고 졸랐다. 시험 보는 학생들이 많아서 문제될 게 없다는 설명까지 곁들였다.

'뭐 이런 웃기는 놈이 다 있어?'라고 생각하니 헛웃음이 저절로 나왔다. 그랬더니 "그럼 내일 모래 보자."며 가버렸다. 이 친구 뒤통수에 대고 "야, 이 미친놈아. 지랄하고 자빠졌네."라고 확실하게 끊었어야 되는데 그렇게 하지 못한 것이 화근이었다.

물론 어차피 해야 하는 영어 공부니까 크게 손해될 일은 없겠지 하는 생각이 마음 한 구석에 없었던 것은 아니다. 그렇지만 나는 시험 당일까지 심기가 영 편치 않았다.

가관인 것은 대리시험 봐달라는 자가 시험 범위는 고사하고 교재도 챙겨 오지 않았다. 이튿날 전화를 걸어 교재라도 갖고 오라고 했더니 한술 더 뜬다. 별거 아니니 신경 끄고 그냥 와서 시험만 치라는 것이었다. 기가 막혔지만 달리 방법이 없었다.

원래 돌 심장을 가진 친구이니 거기다 대고 말해 본들 무슨 소용이 있겠는가. 이 친구는 도무지 신경이 없는 사람 같았다. 성격이 너무 좋아서 그런지 아무리 화를 돋우어도 화내는 법이 없고 근심 따위는 무엇인지도 모르니 세상 참 편하게 사는 동물이었다.

시험 한 두 시간 전에 학교에 가서 사촌을 만났다. 교재를 가져 오라고 했더니 어디론가 가서 한참 만에 책을 구해왔다. 영어 사전이 있을리 없으니 그냥 대충 훑어봤는데 모르는 단어가 수두룩했다. 내가 무슨 영어의 할애비도 아니고, 이거 정말 큰일이었다. 게다가 가슴은 계속 두근두근 방망이질을 했다.

사촌은 나를 강의실 맨 뒤쪽에 앉게 했다. 만일 감독한테 걸리면 답안지 들고 냅다 튀라고 말한 뒤 나가 버렸다. 얼추 칠팔십 명은 넘어 보이는 학생들이 눈에 들어왔다. 주변에 복학생으로 보이는 늙수그레한 얼굴들이 나를 흘금흘금 쳐다보았다.

내 얼굴이 눈에 띄게 붉은 탓도 있었겠지만 아무래도 낯선 사람이 와 있으니 '이 거시기는 뭐지'라고 생각했을 것이다. 나는 더욱 화끈거렸다. 손은 계속해서 떨렸고 '안절부절'이 따로 없었다.

시험지를 나누어 주기 시작하자 주변에 있던 서너 명이 슬금슬금 책상을 가깝게 갖다 대었다. 맹수들이 먹잇감을 놓치는 법이 있는가. 대리시험이라는 것을 직감한 것이다.

빨리 이 상황을 벗어나야지 하고 되는 대로 써나가는데 이 늙다리들 시험 감독 아랑곳 하지 않고 아예 내 답안지를 보고 베꼈다. 다행히 젊은 감독이 나 같은 맹물과였는지 별 신경을 쓰지 않았다. 시험을 끝내고 나가는데 겨드랑이에서 땀이 줄줄 흘러내렸다.

사촌을 만나서 욕을 잔뜩 해댔다. 그래봐야 꿈쩍도 하지 않는 친구지만 나는 지옥에 갔다 온 기분이었다. 그날 중국집에 가서 청요리를 얻어먹었다. 청요리라고 해야 자장면과 탕수육에 배갈을 곁들이는 정도였지만 먹어본 요리라고는 그것밖에 없었다.

줄줄이 사탕이라고 했던가. 얼마 지나지 않아 이번에는 A대에 다니는 사촌이 독일어 시험을 대신 쳐 달라고 왔다.

그간 두 놈이 만났던 게 확실했다. 이놈들이 내 진짜 어학 실력을 알면 절대로 이런 부탁을 하지 않을 터이지만 이제 와서 그런 소리 한들 들을 놈들이 아니었다.

나는 A대 입시에 낙방하여 낙심한 세월을 보내고 있는데 남의 속도 모르고 거기 가서 대리시험을 봐 달라니 이 자가 도대체 생각이 있는 거야, 없는 거야. 한 술 더 떠서 어차피 내가 준비해야 할 대학입시 과목이고 아주 기초 수준이니까 전혀 문제없을 거라고 덧붙였다. 법과대학 입시에서 독일어가 필수과목이라는 것을 모를 리 없으니 딱 부러지게 거절도 못하고 우물쭈물했다.

그런데 이 친구도 그냥 왔다 가기만 하면 된다고 했다. 요즈음 시쳇말로 '아이고 내가 못살아.' 했지만 물꼬를 튼 것은 바로 나 자신이었으니 도리가 없었다.

'에라, 모르겠다.' 하고 며칠 후 시험을 보러 사촌과 같이 강의실에 들어갔다. 나의 고교 동창들이 A대에 많이 다녔는데 다행히 아는 얼굴은 보이지 않았다. 그런데 이게 웬일인가. 대리시험 보러 온 사람이 나 혼자만이 아니었다. 사촌이 친구와 대화를 나누는데 참으로 가관이었다. "너도 대리냐? 나도 대리다." 하면서 낄낄거렸다.

이런 육실할 놈들을 봤나. 다행이 먼저 번처럼 떨지는 않았는데 기분이 영 엉망이었다. 젠장, 스스로의 꼬라지가 한심했으나 이날도 탕수육과 자장면을 얻어먹었다.

이러고 다녔으니 시험을 잘 칠 까닭이 없었다. A대에 다시 낙방하여 후기 대학인 C대에 들어갔다. 아버지의 뜻대로 법대를 고수했지만 학교나 공부에 별 관심이 없었다.

그러다 복학한 고교 선배를 우연히 알게 되었다. 말이 어눌하고 배가 약간 나온 마음씨 좋은 아저씨 같은 사람이었다. 공부에는 취미가 없고 그럼에도 불구하고 미국 유학을 꿈꾸는 등 여러 공통점 때문에 4년차 나이에도 불구하고 쉽게 어울렸다.

친한 것도 죄인지 이 성님의 영어 시험도 내가 대신 치렀다. 물론 청요리도 많이 얻어먹었다.

지금도 가끔 만나는데 나는 이 성님에게는 '과거를 묻지 마세요.' 원칙을 지킨다. 늘그막에 자존심 건드릴 까닭이 있겠는가. 그 당시에는 내가 해서는 안 될 짓을 한다는 죄책감이 별로 없었다.

하루는 깜제기 우낀다와 함께 밤늦게 찾아왔다.

당시 우리 집에는 저녁 9시 이후 통행금지와 같은 불문율이 있었는데 이 친구가 그런 것을 알 턱이 없었다. 꽤 늦은 밤이었는데 큰 소리로 나를 불러댔다.

"거 누군데 이 늦은 밤에 소란이냐."

아버지의 벼락이 떨어졌지만 깜재는 끝까지 버티다가 나를 만났다. 수필집을 주면서 그 중 10편을 골라 독후감을 써달라는 것이었다. 그것도 다음 날 오전까지 학교로 갖다 달라고 하고 내빼 버렸다. 내가 제놈의 졸개도 아니고 그렇다고 빚진 것도 없는데 이건 완전히 나를 호구로 여기네 했지만 마음이 약한 나는 또 당하고 말았다.

절대 시간이 부족해서 다 읽고 쓸 수는 없었다. 꾀를 내어 듬성듬성 읽고 대충 써주기로 했다. 사실상 제목만 보고 쓴 셈이었다. 그래도 밤을 새우다시피 했다. 아무튼 이튿날 학교로 찾아가 전달했다.

"제목만 보고 썼으니까 나 책임 없다."

이렇게 질러 놓고 수업 끝나기를 기다려 청요리 집에서 점심을 잘 얻어먹었다. 한참 지나서 만났는데 좋은 점수를 받았다고 했다.

'어라, 이 교수님 술 취해서 읽었나?'

그런데 동시에 망신도 당했다는 것이다. 깜재가 리포트를 제출하기 전에 주변에 내가 제목만 보고 대신 써줬다고 한 모양이었다. 학점이 잘 안 나오리라 지레 짐작하고 면피 발언을 해 놓은 것이었다. 그날도 또 청요리를 얻어먹었다.

이쯤 되면 내게 존경심을 보일 만도 한데 영 아니었다. 그저 호구 하나 잘 만났다고 생각했던 것 같다. 그 사건 후 깜재는 깔치(여자친구)의 리포트까지 부탁을 했다. 점수 좀 따겠다고 애를 쓰는 모습이 애처로워 보여서 정성을 다해 써 주었다. 결국 그 깔치가 나중에 부인이 되었다. 신화적 존재가 따로 있는 게 아니다.

선생님

소설이나 영화에서 만나는 선생님들의 모습은 정말 멋지다.

<선생 김봉두>의 김봉두 같이 '인간적인' 선생님, <브룩필드의 종(Goodbye Mr. Chips)>의 치핑(Chipping)과 같이 유머가 넘치는 선생님, 또는 <죽은 시인의 사회(Dead Poet's Society)>의 키팅(Keating)처럼 학생들의 가슴에 진한 여운을 남기는 선생님의 모습을 우리 주변에서도 볼 수 있을까.

서울의 어느 초등학교 선생인 김봉두는 그 이름(봉두=봉투)이 암시하는 바와 같이 촌지를 좋아하는 불량교사다. 돈을 너무 밝히다가 결국 강원도 오지의 시골 분교로 쫓겨 간다. 전교생이 5명뿐인 학교에서 답답하게 지내며 서울로 복귀할 꿈을 꾼다. 궁리 끝에 찾아낸 묘수가 학교를 폐교시키는 것이었다. 아이들을 특기생으로 만들어 뿔뿔이 전학시키면 저절로 폐교될 터이었다.

이런 목적을 위해서 그는 방과 후까지 아이들을 열심히 가르친다. 마을 주민들과 교육청은 이런 그에게 감동한다. 급기야 교육청은 분교를 폐지한다는 방침을 철회하기까지 한다. 그에게는 낭패였다.

그러나 그의 속셈을 알 리 없는 마을 사람들은 변함없는 애정을 보이며 그를 가족처럼 대한다. 유일한 혈육이었던 아버지가 돌아가시자 순박한 마을 사람들과 착한 아이들은 함께 슬퍼한다. 이에 감동을 받으며 선생 김봉두는 인간 김봉두로 거듭난다.

치핑은 남학생 기숙학교의 라틴어 담당 선생이다. 학생들은 그를 칩스라는 애칭으로 불렀다. 칩스의 스펙은 보잘 것 없고 라틴어와 그리스어는 죽은 언어라고 생각하는 사람이지만 학생들은 그를 존경한다. 그는 시도 때도 없이 모두를 웃게 만드는 유머 감각을 가진 선생이다. 오래 재직하다 보니 학생들의 아버지, 할아버지까지도 가르쳤다.

새로 부임한 '신식의' 교장은 케케묵은 골동품 같은 칩스를 은퇴시키려고 한다. 이때 학생들은 물론 학교운영위원회까지 칩스의 편에 서서 강제 은퇴를 막는다. 그들은 칩스가 100살 될 때까지 학교에서 가르칠 수 있다고 주장한다.

그는 5년 후 69살의 나이에 은퇴를 한다. 그러나 전쟁 중이어서 사람이 부족한지라 다시 학교로 돌아와 임시 교장을 맡는다. 독일 비행기가 폭격을 하는 와중에도 칩스는 학생들이 라틴어 번역을 게을리 하지 않도록 한다. 특별히 게르만 민족과 시저의 싸움 이야기를 선택해서 게르만 민족의 호전성을 알도록 한다. 그는 매주 일요일 예배실에서 전사한 그 학교 출신 학생, 교사들의 이름을 크게 불렀다.

어느 날 그는 이 학교 출신으로 독일 쪽에서 싸우다 전사한 학생을 발견하고 그의 이름도 크게 불렀다. 몇 년 후 칩스는 완전히 은퇴하고 학교 근처에 살았다. 죽음에 임박해서 선생들이 칩스가 자식이 없어서 유감이라는 말을 하는데 이것을 듣고 그는 말한다.

'내가 아이가 없어서 유감이라고? 천만에 애가 있구 말구. 그것도 수천 명씩이나. 전부 남자애들이야.'

<죽은 시인의 사회>는 미국의 명문 고등학교에서 시 수업을 통해서 학생들에게 영감을 불어 넣어주는 선생님에 관한 이야기다. 새로 부임

한 영어 선생 키팅은 "지금 이 순간에 충실하라(carpe diem)."라는 라틴어 경구를 말하며 모교 학생들에게 자신의 삶을 특별하게 만들라고 용기를 불어넣어준다.

키팅은 학생들에게 월터 휘트먼의 시의 한 구절인 '오, 캡틴! 나의 캡틴!'으로 자신을 불러달라고 했다. 여기서 캡틴은 링컨을 가리킨다.

이어지는 수업에서 키팅은 삶을 다르게 보아야 한다는 것을 가르치기 위해서 한 명씩 책상 위에 올라가라고 한다. 또한 진부한 설명을 늘어놓는 시집의 머리말을 찢어 버리라고도 한다. 이런 수업 방식에 교장은 의혹의 눈길을 보낸다.

그러나 학생들은 키팅 덕분에 서서히 각자의 내면의 소리에 귀 기울이게 된다. 닐이라는 학생은 자신이 진정으로 하고 싶은 일은 의사가 되는 것이 아니라 연극이라는 사실을 발견한다. 그는 아버지의 허락도 없이 셰익스피어의 <한 여름 밤의 꿈>에 출연한다. 이에 격노한 그의 아버지가 그를 사관학교로 보내려고 하자 그는 자살한다. 학교 측에서는 닐의 죽음을 키팅의 탓으로 돌리고 그를 해고한다.

학교를 떠나는 날, 그는 사물을 챙기러 교실에 들어온다. 그리고 말없이 교실 문을 나서는 바로 그 순간, 한 학생이 갑자기 책상 위로 올라가 키팅을 향해 "오 캡틴! 마이 캡틴!"을 외친다. 대신 수업을 하던 교장의 제지에도 불구하고 다른 학생들도 책상 위로 올라가 키팅을 향해 "오 캡틴! 마이 캡틴!"을 외친다. 키팅은 "고마워. 얘들아, 고마워."라고 말하며 떠난다.

현실에서는 소설이나 영화에서처럼 진한 감동을 주거나 또는 감상적으로 전개되는 스토리는 사실상 찾아보기 힘들다. 간혹 '소설 같은' 진짜 이야기가 등장하여 가슴을 찡하게 만들기도 하지만 현실은 잘 꾸며 놓은 소설과는 다르다.

그렇다고 김봉두나 치핑 또는 키팅과 같은 선생님이 없다는 말은 결코 아니다. 오히려 그 반대다. 굳이 차이를 찾는다면, 현실은 짤막한 단편인 반면에 소설은 긴 이야기, 즉 중장편이라는 점이다.

내게도 비록 단편적이지만 아직 기억 속에 깊이 새겨져 있는 선생님들의 아련한 모습이 남아 있다.

6.25 전쟁이 끝난 직후 아이들은 정말 형편없는 환경의 학교를 다녔다. 천막이나 가건물 같은 곳에서 수업을 받았고 딱히 부대시설이라고 할 만한 것도 없었다.

아이들은 많고 교실은 모자라니 별 수 없이 오전반, 오후반으로 나누어 수업을 했다. 심지어는 삼교대를 하는 학교도 있었다. 한 반에 보통 8~90명씩 바글거렸고 운동장에서 시간을 보내는 때도 많았다.

내가 시골에서 초등학교에 입학했을 때 고모는 2학년 담당 선생님이었다. 고모는 우리 집에서 같이 살았다. 아침이면 고모의 손을 꼭 잡고 30분 거리에 있는 학교로 걸어갔다. 이십을 갓 넘었던 고모는 아마 임시교사였던 것 같다.

학교 정문이 저만치 보이는 곳에 이르게 되면 나는 고모를 다른 아이들에게 빼앗기곤 했다. 아이들이 선생님, 선생님 하며 엉겨 붙는 바람에 고모는 걸음을 쉽게 뗄 수가 없었다. 그럴 적마다 나는 고모에게서 떨어졌다. 아이들이 미웠지만 할 수 없이 혼자 갔다.

고모는 정이 많은 분이었다. 50년대 초 먹고살기에도 힘이 부쳤던 부모들은 사실상 아이들을 방치하다시피 했다. 한 집에 아이들이 보통 대여섯은 되었으니 삼시세끼 굶지만 않아도 다행이었다.

정에 굶주리던 아이들은 함께 웃어 주고 울어 주며 아낌없이 정을 나누어주던 고모에게서 '언니-엄마'를 찾았던 것 같다. 그렇게 다정다감하던 고모는 곧 학교를 그만두고 떠났다. 울고불고 했지만 간호장교가 되기 위해서 멀리 가는 고모를 붙잡을 수는 없었다.

그 무렵 나의 담임 선생님은 나이가 지긋하신 분이었다.

아마도 50대 중반은 되지 않았을까 싶었는데 아무튼 당시로는 할아버지 선생님이었다. 성함이 김인호였던 것으로 기억하고 있다. 늘 점퍼를 입고 다녔는데 꼭 마음씨 좋은 이웃집 아저씨 같았다.

우리 반에는 코를 흘리는 아이들이 많았다. 누런 콧물이 콧구멍을 들락날락했다. 비타민 부족 같은 영양실조가 원인이라지만 그때는 그런 것을 알 턱이 없었다. 안다고 해도 뾰족한 수가 없었을 것이다.

나도 콧물을 흘리고 다녔는데 소매로 닦아서 소매가 늘 반질반질했다. 간혹 선생님이 손수건으로 코를 닦아주시기도 했는데 그때마다 선생님 손에서 구수한 냄새가 났다. 손바닥은 마치 무슨 두꺼운 가죽처럼 거칠고 단단했다.

나중에 알게 되었는데 구수한 냄새는 다름 아닌 손가락에 배어 있는 담배 냄새였다. 그게 왜 구수하게 느껴졌는지는 모르지만 적당히 탄 누룽지 냄새와 밭일을 한 다음 손에 남아 있는 흙냄새를 합쳐 놓은 것 같았던 그 냄새를 나는 좋아했다.

초등학교에 입학하고 얼마나 지났을까.

여느 때와 마찬가지로 운동장에 쪼그리고 앉아서 선생님의 지시를 기다리고 있었다. 교실이 모자라서 그랬는지 몰라도 운동장에서 대충 시간을 보내다 집에 가곤 하던 때였다. 4월이라고 해도 바깥 날씨는 꽤 쌀쌀했다. 추워서인지 아니면 아침에 물을 많이 마셔서인지 오줌이 마려웠다. 이런 경우 어떻게 해야 하는지 몰랐다. 그날따라 담임 선생님은 다른 반까지 맡아서 분주해 보였다.

너무 숫기가 없었던 나는 화장실에 가고 싶다는 말도 못하고 땡땡땡 소리만 기다렸다. 화장실은 어림짐작에도 꽤 멀어 보였다. 드디어 휴식 시간을 알리는 종이 울렸다. 너무 긴장을 하고 있다가 빨리 가려고 일어나는 바람에 오줌이 찔끔 나오더니 중단되지 않아 그만 온통 적시고 말았다. 어쩔 줄을 몰라 울상을 짓고 있는데 옆에 있는 아이가 "얘 오줌 쌌어요." 하고 선생님에게 고자질을 했다. 급기야 "으앙." 하고 울음을 터뜨리는데 담임 선생님이 달려와서 "아니 해창이가 왜 그러니? 이런, 이런, 어디 보자."라고 하셨다.

선생님께서 곧 상황을 파악하시고 나를 운동장 저편 구석에 있는 창고 건물로 데려갔다. 창피하기도 했지만 내복이 젖어 차가운 감촉 때문에 두 다리가 닿지 않도록 어기적어기적 걸어갔다. 창고에는 쌀겨를 땔감으로 보리 물을 끓이기도 하는 부뚜막이 있었다. 아직 불씨가 남아 있었고 안은 훈훈했다. 선생님은 문을 꼭 닫으시더니 내 바지를 벗기셨다.

"여기서 바지 말리고 있거라. 응 빤스는 그냥 입고 있어, 내 곧 돌아올게."

조금 있더니 선생님이 양푼 대야에 물을 떠 오셨다.

"양말 벗거라."

선생님은 내 양말을 빨아서 잘 마르도록 부뚜막에 널어놓았다. 검정 고무신도 헹구어 주셨다. 문득 아버지의 무서운 얼굴이 떠올랐다. 아버지는 퇴근하시면 곧바로 책을 펴들고 공부를 하셨다. 두 살 터울 개구쟁이 삼형제가 있었으니 집안이 조용할 리 없었다. 한두 번 경고를 하시다가 그래도 시끄러우면 사정없이 회초리를 드셨다.

"선생님, 엄마한테 이르지 마셔요. 아부지가 아시면 큰일 나요."

"이 녀석, 별 걱정을 다하는구나. 이르지 않을 테니 걱정 말아라."

이날 일은 너무 창피해서 엄마에게도 비밀로 했다. 그러나 나는 이후 한동안 '오줌싸개'로 아이들의 놀림감이 되었다. 다행히도 '오줌싸개'는 오래가지 않았다. 학예회가 다가오자 담임선생님이 1학년 연극 <삼년고개>의 할아버지 역으로 나를 뽑으셨다. 나는 영문도 모르는 채 선생님이 시키는 대로 했다. 지금도 대사 한 토막이 기억난다.

"삼천갑자 동방삭이도 이 고개에서 삼만 번이나 굴렀다고 한다."

이때부터 '오줌싸개'는 '할아버지'가 되어 오랫동안 짓궂은 아이들의 시달림을 받아야 했다.

가을 '원족' 가는 날이 다가왔다. 형들은 며칠째 들뜬 상태로 날짜를 세며 기다렸다. 나는 원족이 무엇인지 몰랐으나 덩달아 흥분이 되는 것 같았다. 1학년은 늘 근처의 유원지로 가는데 엄마들이 동행한다고 했다. 원족 가는 당일 날 엄마는 새벽같이 세 아들의 김밥 도시락을 준비하셨다. 삶은 달걀, 사과, 약간의 과자도 함께 가방에 넣고 "산골짝의 다람쥐 아기 다람쥐 도토리 점심 가지고 소풍을 가네. 다람쥐야, 다람쥐야 재주나 한 번 넘으렴. 바알딱 발닥 발닥 날도 정말 좋구나."를 부르며 한 시간 넘게 행군(?)을 했다.

꽤 많은 엄마들이 함께 따라왔다. 보물찾기는 제일 인기가 있었다. 선생님은 아이들 모두가 골고루 상품을 받아갈 수 있도록 하셨다. 소풍 나와서 먹는 김밥은 정말 맛이 있었다. 그 당시 김밥은 늘 먹을 수 있는 음식이 아니었다. 점심을 먹고 오락시간이 되었다. 삼덕제지에서 학교에 제공한 누런 재생지를 잘게 찢어 이마, 양 볼, 턱에 붙인 다음 입으로 바람을 불어서 떨구는 게임을 했다. 선생님은 당신의 혀로 종이에 침을 발라서 아이들 얼굴에 붙여 주었다. 선생님 손에서는 여전히 구수한 냄새가 났다.

내가 초등학교를 다니는 동안 김원호 선생님은 1학년만 맡으셨다. 오랜 시간이 흐른 후 내가 학부형이 되어 들은 이야기지만 선생님들은 1학년 맡기를 꺼린다고 한다. 부모 품에서 막 떨어져 나온 '병아리들'을 가르치며 달래며 시간을 보낸다는 것은 생각만큼 쉽지 않을 것이다. 요즈음과 달리 그 당시 아이들은 거의가 기역니은도 모르는 채 초등학교에 들어왔다. 부모가 그런 데까지 신경 쓸 여유가 없던 시절이었다.

선생님은 아이들에게 하나 둘 셋 숫자를 가르치고 기역니은을 반복해서 쓰도록 하면서 한 번도 짜증을 내거나 목소리를 높이거나 하지 않았다. 1학년이 끝나도록 아주 초보적인 숫자나 자음 모음도 깨우치지 못한 아이들이 수두룩했지만 선생님은 개의치 않으셨다. 전쟁을 겪으며 마음에 상처를 입었을 아이들이 학교에 오는 것만으로도, 그리고 또래들과 즐겁게 노는 것만으로도 고맙다고 생각하셨던 것 같다.

가끔 형들이 하는 말을 들어 보면 무서운 선생님들도 있는 것 같았다. 그런 말을 들을 때마다 나는 왠지 불안했다.

선생님들이 모두 우리 김원호 선생님 같으면 좋을 텐데. 다행히 이런 바람은 2학년 때까지 이어졌다.

월요일, 조회시간에 어김없이 교장 선생님의 훈시가 지루하게 이어졌다. 지난주 학교 청소에 대한 평가도 있었다. 2학년에서는 우리 반이 꼴찌였다. 교장 선생님의 질책이 뒤따랐다. 벌로 조회가 끝난 후 운동장을 세 바퀴나 돌아야 했다. 거기에 더하여 일주일 내내 쓰레기장과 변소를 청소하는 임무가 주어졌다.

20대의 젊은 담임인 최병국 선생님도 우리와 함께 뛰셨다. 교실로 돌아온 후 선생님은 칠판을 향해 돌아서서 한참이나 소리 없이 우셨다. 그때는 선생님이 왜 우는지 몰랐다. 아마도 여러 선생님들 앞에서 공개적으로 질책을 당했으니 무척이나 분하고 창피스러웠을 것이다.

얼마나 성격이 여린지 아이들이 장난질치고 교실을 엉망으로 만들어도 그냥 "애들아 그만, 그만, 조용히 하자."라고만 할 뿐이었다. 1950년대 초 선생님들은 대부분 일본식 교육을 받은 분들이라서 그런지 모두 엄숙하게만 느껴졌는데 선생님은 전혀 어렵지가 않았다. 반 아이들은 숙연하게 선생님을 바라보기만 했다. 수업이 모두 끝나고 종례시간이 되었다. 한참을 가만히 서 계시던 선생님이 아이들에게 말했다.

"오늘부터 쓰레기장과 변소 청소는 내가 한다. 너희들은 집에 가도 돼."

그 순간 교실이 조용해지면서 아무도 자리에서 일어서지 못했다. 그리고 선생님은 나가셨다. 그제서야 우리는 주섬주섬 책 보따리를 싸들고 집에 갈 준비를 했다. 그때 반장이 교탁으로 가더니 말했다.

"야, 너희들 집에 가지 마. 모두들 쓰레기장으로 가자."

나는 빨리 집에 가고 싶었으나 주위 눈치 보느라 그냥 엉거주춤 하는데 반장이 또 다그치듯 말했다.

"한 사람도 빠지지 말고 모두 쓰레기장으로 가. 나중에 내가 이름 적을 거야."

사변 통에 학교가 늦어져서 보통 아이들보다 서너 살이나 많았던 반장은 2학년 1반의 독재자나 다름없었다. 반장인 데다 기차 화통을 삶아 먹었는지 목소리가 엄청 컸다. 성격도 급해서 반장이 꽥 소리 한 번 지르면 모두들 설설 기었다. 선생님 안 계실 때 반장은 선생님 대신해서 아이들에게 벌까지 줬다. 모두 쓰레기장으로 갔다.

선생님은 쓰레기장을 정리하고 계셨다. 아이들이 모두 몰려가니 선생님께서 놀라 "무슨 일이니?" 하고 물으셨다. 반장이 "선생님, 우리도 청소 할래요." 하면서 빗자루를 들고 변소로 향했다.

"이 녀석들아, 집에 가라고 했는데 왜 여길 왔어. 빨리 집에 가."

아무도 가지 않았다. 나는 사실 집에 빨리 가고 싶었지만 그냥 쓰레기를 줍는 척했다.

"빨리 집에 가래도."

선생님의 목소리가 높아졌다.

"아니에요, 선생님."

모두들 합창하듯 외쳤다. 그리고 열심히 청소를 했다. 선생님의 눈가에 이슬이 살짝 맺혔다. 선생님은 쓰레기를 줍는 척 구부리면서 몰래 손수건으로 눈물을 닦아냈다. 나는 왠지 죄를 지은 것 같아서 부끄러웠다. 집에 오자마자 엄마한테 학교에서 있었던 일을 이야기했다. 그렇지만 집에 빨리 가고 싶었다는 말은 하지 않았다. 엄마는 그냥 들으시면서 "음, 음, 참 좋은 분이시구나."라고만 하시고 더 이상 아무 말씀도 안 하셨다. 나는 속으로 또 부끄러워졌다.

초등학교 고학년으로 올라가면서 선생님들에 대해서 이런저런 이야기를 하는 아이들이 생겨났다. 주로 나이가 많아 머리가 여문 아이들이었다. 그런데 고학년이 되면서 내가 직접 눈으로 보고 알게 된 것은 폭력을 행사하는 선생님들이 너무 많다는 사실이었다.

어떤 때는 아이가 크게 잘못하지도 않았는데 사정없이 때려서 공포감에 떨어야 했다. 심지어는 아이들끼리 서로 상대방을 때리도록 하는 반인간적인 '벌'도 가해졌다.

모르긴 해도 선생님들한테 맞아서 고막이 터지거나 불구가 된 경우도 있었을 것이다. 선생님들의 폭력을 보고 한편 무서웠고 다른 한편 무엇보다도 선생님들에 대한 존경심을 잃어 갔다. 상급학교로 진학하면서 선생님들의 물리적 폭력은 현저하게 줄었지만 한 번 깨져버린 존경심은 좀처럼 회복되지 않았다.

중학교 고등학교를 다니면서 예체능 선생님은 참 편하겠다는 생각을 한 적이 있었다. 이 생각은 지금도 변함이 없고, 대학에서도 아마 예체능 교수가 제일 해먹기 쉽지 않을까 하는 무지스러운 편견을 갖고 있다.

음악 시간에는 노래를 배우거나 감상하는 것이 전부였다. 성적은 어떻게 매겼는지 기억도 없지만 전혀 신경 쓰지 않았다. 어떤 선생님은 노래는 제쳐 놓고 당신의 젊은 시절 이야기를 해주시는데 너무 재미있어서 시간 가는 줄 모르고 듣기도 했다. 체육 시간에는 종목별로 공 몇 개를 던져주고 나면 선생님의 임무는 끝이었다.

고등학교 때 미술을 가르쳤던 최경한 선생님은 이런 나의 통념을 여지없이 깨뜨린 분이었다. 한 학기 동안 야외에서 그림을 그린 적은 한두 번에 불과했다. 나머지 시간에는 미술 강의를 들었다. 슬라이드를 곁들여 엘 그레코, 티시안, 미켈란젤로, 다 빈치 등 르네상스 회화의 거장들이 소개될 때는 마치 신천지를 보는 듯했다. 칠판에 판서를 많이 했는데 글씨체가 너무 지적이고 세련되어 보여서 넋을 잃고 바라보기도 했다. 다른 주요 과목들보다도 필기를 많이 했다. 말씀도 어찌나 잔잔하고 구수한지 나는 미술 시간 돌아오기를 기다리곤 했다.

나는 평생 연구와 강의에 매달려 지냈지만 둘 다에 딱히 만족을 느껴본 적은 한 번도 없다. 인색하게 평가한다면, 연구와 강의 모두에 실패한 셈이다. 연구야 혼자 하는 것이니 그렇다 치더라도 강의는 공개되는 것이니 그 평가가 확실하게 드러날 수밖에 없다. 본인 스스로는 강의를 잘한다고 주장해도 듣는 사람이 동의해 주지 않으면 헛일이다. 나는 상당한 눌변이다.

그래서 강의 잘하는 사람을 늘 부러워했다. 간혹 텔레비전에 나오는 강연을 보면 '어쩌면 저렇게 말을 잘 할까?'라는 감탄이 저절로 나온다. 그렇지만 '저 사람 정말 한 학기 내내 강의를 저렇게 유지할 수 있을까?'라는 생각이 들기도 했다. 샘이 나는 것은 어쩔 수 없지만, 사실은 자격지심에서 나온 소리다.

미술 선생님이 강의를 잘한다고 하면 다들 고개를 갸우뚱할 것이다. 고등학교에서 무슨 미술 강의를 하나. 당시 음악, 미술과 같은 과목은 그저 형식적으로 때우고 마는 과목에 불과했다. 대학입시와 상관없었기 때문에 아무도 신경 쓰지 않았다. 지금 생각해 보니 최경한 선생님은 우리에게 미술사 강의를 해주신 것이었다.

목을 약간 앞으로 빼는 듯 기울이는 모습은 '콜롬보 형사'의 피터 포크를 연상케 했다. 다른 주요 과목 선생님들과 달리 미술 선생님은 자주 마주칠 일이 없으니 학생들도 특별히 기억하고 있지는 않을 것이다. 그렇지만 그때 이미 최경한 선생님은 내 마음 속에 깊은 인상을 남겼다. 초등학생 때라면 모를까 고등학생쯤 되면 사람 보는 안목이 생기기 때문에 선생님들을 무턱대고 좋아하거나 존경하지는 않는다. 나는 짧은 만남이었지만 선생님을 너무 좋아했다.

고등학교 졸업 후 40여 년이 지난 어느 날 나는 연구실에서 이동희 박사와 이런저런 이야기를 나누고 있었다. 헤겔을 전공한 이 박사가 한국학중앙연구원에 들어와 일을 막 시작할 무렵이었다.

나는 속으로 나처럼 길 잃은 영혼이 또 하나 있구나 하고 탄식했다. 이 박사와 나는 한국학 전공이 아니기 때문에 한국학중앙연구원에서는 어디까지나 곁방살이 신세일 수밖에 없기 때문이었다.

아무튼 자리가 길어져 여느 한국 사람들처럼 서로의 족보도 캐묻고 했다. 나는 원래 미술을 전공하고 싶었다는 이야기를 하며 서울여대 교수로 가신 고교 시절 미술 선생님을 존경했다는 말을 덧붙였다.

이 말을 듣고 이 박사는 "혹시 그 분이 최경한 선생님이 아닌가?" 물었다. 나는 깜짝 놀라서 당신이 그 선생님을 어떻게 아는가 하고 되물었다. 그는 최경한 선생님이 자신의 장인어른이라고 했다. 세상이 정말 좁구나. 얼마나 반가웠는지 그날 시간 가는 줄 모르고 늦게까지 이 박사와 이바구를 이어갔다.

선생님이 서울여대에 재직하고 계시다는 것은 알고 있었지만 그 사위를 가까이에서 보게 될 줄이야. 잠자고 있던 존경심이 뒤늦게 다시 발동했지만 마땅히 표시할 방법이 없었다. 새삼스럽게 찾아뵙는 것은 너무 어색할 것 같아서 이 박사 편에 작은 선물을 보냈다.

며칠 후 선생님으로부터 만나자는 전화가 왔다. 나는 선생님이 편찮으시다는 말을 듣고 있던 터라 완곡하게 거절했다. 그보다는 지금까지 그랬던 것처럼 멀리서 선생님의 옛 모습을 기억하며 그리워하는 편이 좋을 것 같았다. 몇 년 후 동창회에서 선생님의 병원비 마련을 위해 모금을 한다는 소식이 들려왔다. 정년퇴직 후 사기를 당하고 병까지 얻어서 경제적으로 많이 힘드시다는 설명이 있었다.

앙가주망 동인으로 평생 팔리지 않는 그림을 고집하신 분이었다. 많이 도와드릴 능력이 되지 못해서 참으로 안타까웠다. 화단에 있는 친구의 말로는 선생님께서는 그 고매한 인품으로 오랫동안 한국 미술계의 큰 어른이셨다고 한다.

내가 폴 슈미트 선생님을 처음 만났을 때 교수님은 오십 후반이었는데 바로 그 몇 해 전에 대학 당국과 전무후무한 계약을 맺었다. 격년으로 가르치고 근무하지 않는 해의 봉급으로 저명한 교수를 초빙하는 계약이었다. 남들이 보기에는 아마 대단히 이상한 사람이라고 했을 것 이다. 재산이 많은 것도 아니고 학과에서 위치가 불안정한 것도 아닌데 왜 스스로 수입을 절반으로 줄이는 결정을 했는지. 철학과 교수들의 반응이 어땠는지 모르지만 학과의 중심 교수가 스스로 날개를 접는다는 건 상상하기 힘들었을 것이다.

십여 명의 교수 중 절반 이상을 사실상 그가 뽑았고, 젊은 교수들이 그를 다소 버겁게 대하는 모습을 본 적도 있었다. 아무튼 저명한 학자를 격년으로 초청할 수 있으니 특별히 나쁠 것은 없었다. 하지만 그 계약은 나를 아주 어렵게 만들었다. 지도교수를 격년으로 만나야 하는 상황에 처하게 된 것이었다. 철학 교수의 봉급이 다른 전공에 비해서 상당히 낮다는 것을 알고 있었기 때문에 궁금했다.

"왜 그런 계약을 하셨나요. 1년 봉급으로 두 해를 살려면 어렵지 않습니까?"

"나는 돈을 크게 쓸 일이 별로 없다네. 집에 걸린 은행 빚은 이미 다 갚았고 채식을 하니 식료품비도 덜 들고 해서 아무런 문제도 없어."

나중에 댁을 방문해서 선생님의 생활 방식을 알고 나서야 조금은 이해할 수 있었다. 사모님과 두 분이 모두 채식주의자로 유기농 식재료만 구입해서 먹는데, 통밀을 사다가 직접 절구로 빻아서 거친 빵을 만들어 먹는다고 했다.

집안에 문명의 이기라고 할 만한 것은 라디오 한 대 뿐이었다. 가구도 거의 없었고 그 흔한 전자제품, 텔레비전, 에어컨은 물론 심지어 소파, 침대도 없었다. 사모님까지 여성학 교수여서 그런지 사방에 온통 책뿐이었다. 침실에는 두터운 매트리스가 깔려 있었는데 그게 침대였다. 거기서 자는 것이 편하다고 했다.

한 번은 점심시간에 그의 연구실을 방문한 적이 있었다. 식사 중이었는데 바나나, 사과, 샐러리 그리고 팬케이크처럼 생긴 두툼한 빵 하나가 전부였다.

"이게 점심입니까? 그 정도로 한 끼 식사가 충분합니까?"

"그렇다네. 이 팬케이크는 통밀로 만들어서 영양도 많고 포만감까지 주니 충분하다네."

1970년 전후 미국에서 학생 운동이 격렬하게 일어났을 때 그는 대부분의 교수들과 달리 내놓고 학생운동을 지지했다고 한다. 좌고우면하는 분이 아니었다. 언제부터 채식주의자가 되었는지 물어 보지 않았지만 아마도 인도를 다녀온 후부터가 아니었을까 추측해 보았다.

취미랄 것도 없지만 선생님은 틈만 나면 사막이나 명상센터에 가서 명상을 했다. 사막이래야 도시를 벗어나면 사방이 온통 황무지이니까 차로 그저 한두 시간만 달리면 되었다. 간혹 나체 상태로 명상에 몰입하는 경우도 있다고 했다. 흔히 볼 수 없는 독특한 분이었다.

그런데 사모님이 이런 생활을 좋아하지 않는다면 어려웠을 것이지만 두 분은 여러 면에서 공통점이 많아 보였다. 사모님은 대단히 진보적인 분이었다. 강의를 하지 않는 해에는 무엇을 하고 지내는지 여쭈어 보았다. 혹시 저술 활동에 집중하느라 격년 근무를 택한 것이 아닌지 궁금했다. 뜻밖의 대답이 돌아왔다.

주로 명상과 여행을 한다는 것이었다. 언제나 사모님과 함께 전 세계를 다니는데 한 번 떠나면 보통 3개월 정도 있다가 돌아온다는 것이었다. 여행을 하며 써놓은 일기장(journal)을 보여주는데 양이 상당히 많았다. 이제는 남의 글을 읽는 것에서 벗어나고 싶다고 했다. 듀이가 생각났다. 듀이는 자신이 다른 사람들의 책에서 얻은 것보다 경험에서 훨씬 더 많은 것을 배웠다고 술회한 바 있다.

한 번은 선생님이 유럽으로 여행을 떠나게 되어 공항까지 차로 모시고 간 적이 있는데 여행 가방이 보이질 않았다. 짐을 미리 부쳤는지 묻자 선생님은 조그만 배낭을 가리키며 그것이 당신이 가져가는 전부라고 했다. 처음에는 믿을 수가 없었다. 3개월이나 여행을 하는데 초등학생들이 매고 다니는 크기의 배낭이라니 아연실색할 수밖에 없었다.

그러자 선생님이 배낭의 내용물을 말씀해 주셨다. 팬티 3개, 러닝셔츠 2개, 양말 3개, 바지 1벌, 남방셔츠 2개, 겉옷 1벌, 공책 1권, 컵 1개, 칫솔 치약과 약간의 비상약이 전부였다. 그러면서 여행에 관한 당신의 신조와 같은 것을 말씀해 주셨다. 무엇보다도 짐을 줄이는 것이 여행의 시작이라는 것이다. 내복이나 양말 등 옷은 여관에 들 때 빨아두면 다음날 입을 수 있으니 무겁게 많이 가지고 갈 필요가 없다고 했다.

한 번은 뉴욕에서 암스테르담까지 화물선을 타고 갔는데 배에서 내리면서 고물 자전거를 10달러 주고 사서 2주간이나 타고 다닌 다음 떠날 때 다른 여행객에게 10달러에 되팔았다고 했다.

유럽에서는 호텔이나 여관에서 아침을 제공하는데 대체로 그 양이 넉넉하다. 먹고 남은 빵과 치즈 등으로 샌드위치를 만들어 적당한 데서 먹으면 그게 바로 훌륭한 점심이 된다. 그래도 저녁 한 끼는 식당에서 사먹지만 이런 식으로 여행하기 때문에 당신은 보통의 여행자가 쓰는 돈의 삼분의 일 정도면 충분하다는 것이었다.

1981년 2월 아버지께서 오랜 투병 생활 끝에 세상을 떠나셨다.

상을 당했으니 마땅히 귀국했어야 하지만 아내와 생후 3개월 된 아들이 아버지 가시는 길을 대신 지켜야 했다. 급하게 아내와 아이를 보내고 혼자 남으니 그제서야 아버지와의 추억이 하나둘 순서 없이 떠올랐다. 한 달 후 논문 때문에 선생님의 연구실을 방문했다. 선생님은 내 얼굴이 많이 상해 보였는지 안부를 물으셨다. 아버지께서 돌아가셨다는 말을 하는 순간 나도 모르게 울음이 터져 나왔다.

돌아가신지 한 달이 넘어 어느 정도 마음이 추슬러졌다고 생각했는데 지도교수 앞에서 이게 무슨 결례인지. 아무리 참으려고 해도 눈물이 걷잡을 수 없이 쏟아져 내렸다. 선생님은 어깨를 주시면서 참지 말라고 했다. 울어서 쌓여 있던 감정의 응어리를 풀어버리라고 했다. 내 평생에 그렇게 많이 울어본 적이 없었다.

박사학위 심사위원 중 한 사람이 논문 주제에 대해서 계속 문제 제기를 하며 물고 늘어졌다. 분석철학 전공 교수인데 철학에 대한 이해가 매우 인색했다. 그는 철학을 개념상의 문제풀이 정도로 이해하고 있었다. 나의 논문 주제는 지도교수가 준 것인데 주제를 문제 삼으니 사실상 지도교수를 공격하는 것이나 마찬가지였다.

물론 내가 주제를 제대로 다루지 못해 벌어진 문제였지만 선생님은 스스로 심사위원직에서 물러났다. 결국 다른 교수를 대체 지도교수로 하여 마무리를 짓기는 했지만 선생님은 오로지 제자를 위해서 자존심을 내려 놓으셨다.

학위를 끝내고 귀국길에 오르면서 나는 선생님께 사파리 영화에서 볼 수 있는 플라스틱 모자를 하나 선물했다. 여행 다닐 때 쓰고 다니시라고 드렸는데 선생님은 아이처럼 좋아하셨다.

여러 해가 지난 후 사모님과 함께 한국을 방문했는데 그 모자를 쓰고 오셨다. 소박하게 사셨지만 자상함이 묻어나던 그 모습이 아직도 눈에 선하다.

주례 이야기

"독일의 시인 하이네는 결혼을 나침반이 없는 험한 바다에 비유하였습니다. 이 험한 바다를 헤쳐 나가기 위해서는 물론 둘이 힘을 합쳐야 합니다."

"삶의 기본은 효입니다. 어느 부모도 자식에게서 대단한 것을 바라지 않습니다. 부모 자식 간의 사랑은 내리 사랑입니다. 부모님께 걱정 끼쳐드리지 않는 것이 최고의 효도입니다."

"금실지락(琴瑟之樂)이라는 옛말이 있습니다. 거문고와 비파가 아름다운 화음을 만들어 내듯이 부부가 서로 존중하면 가정이 화목해지고 만사가 잘 이루어집니다."

위의 예문들은 내가 주례사에서 했던 말의 일부분들이다. 누구나 할 수 있는 평범한 말에 지나지 않지만 누가 이런 말을 하느냐에 따라서 그 전해지는 의미나 무게가 달라질 수 있다. 부모 된 입장에서 심사숙고하여 주례로 모실 분을 찾는 이유가 바로 여기에 있다.

비록 한 번 듣고 잊어버리겠지만 그렇다고 아무나에게서 이런 말을 듣고 싶지는 않은 것이다. 그래서 막상 주례를 정할 시간이 다가오면 점점 더 고심을 하게 되고 생각만큼 쉬운 일이 아니라는 것을 알게 된다.

요즈음은 청첩장 받는 일이 아주 드물어졌다. 나 자신 나이가 들어서 그렇기도 하겠지만 아무래도 젊은이들이 결혼을 하려고 하지 않기 때문일 것이다. 주위를 둘러보면 자식들을 결혼시키지 못해서 걱정을 머리에 이고 사는 이들이 꽤 많다.

일찍 결혼한 어떤 친구는 40 중반을 넘어서는 딸을 아직 데리고 산다. 곧 50이 될 터인데 그냥 체념하고 사는 것 같았다.

이렇게 결혼이 드물어졌는데도 예식장 잡기가 꽤나 어렵다고 한다. 고급 예식장을 제외하면 대부분의 예식장이 한 시간 또는 드물게는 45분 간격으로 결혼식을 치른다.

2000년대 초까지만 해도 결혼식을 30분 간격으로 하던 예식장도 있었다. 그때는 청첩장이 심심치 않게 날아들었었다.

내가 처음 주례를 선 예식장이 모란 시장 근처에 있었는데 거기서도 30분 간격으로 결혼식을 올렸다. 시간이 너무 빠듯해서 하객들이 뒤섞이기도 하고 왁자지껄 정신이 없을 정도로 혼잡했던 곳이다. 나름대로 첫 주례의 사연이 있다.

1990년대 초 모란에서 정형외과 개업을 하고 있던 친구가 있었다.

언제 가도 늘 환자로 북적거렸다. 환자 중에는 공장에서 일하다 다친 사람들 또는 가까운 시골 지역에서 안전사고를 당해 오는 사람들도 있었다. 이런 사람들은 바로 의사의 손이 필요한 환자들이었다. 이 친구는 수술을 많이 했다. 심지어 포경수술까지 했다.

정형외과 의사가 별걸 다한다고 했더니 주변의 다른 의사들도 다 하는데 자신만 그냥 있을 수 없다는 것이었다. 아무튼 정형외과 의사는 수술을 많이 하는구나 생각했다. 하긴 뼈를 자르고 붙이고 나사를 틀어박고 하는 것이 목수나 진 배 없었다.

그는 농담 반 진담 반으로 매일 피를 보며 산다고 했다. 피를 술로 씻어내야 하는 건지 모르겠지만 이 친구는 술을 자주 마셨다. 나는 술에 매우 약했지만 가끔씩 함께 어울리기도 했다. 이 친구가 환자 대하는 것을 보면 더 이상 자상할 수가 없을 정도였다.

그런데 그렇게나 예의 바르고 다정다감한 사람이 술 몇 잔 들어가면 그만 다른 사람이 되어 버렸다. 혼자 술을 마시기도 하는데 깨어보니 경찰서 유치장이었던 적이 몇 번 있었다고도 했다.

그런데 어느 날 당장 보자는 전화가 왔다. 무슨 일이냐고 물었지만 대답은 않고 무조건 와달라고만 했다. 나는 혹시 음주 사고인지 아니면 의료 사고인지 걱정하며 병원으로 갔다.

이 친구는 그 얼마 전에 태생적으로 기형이었던 손가락 하나를 펴보려고 수술을 했다가 실패한 적이 있었다. 날 때부터 접혀 있었기 때문에 성공의 가능성은 희박했지만 칼을 댔다가 손가락 하나를 잃게 된 경우였다. 수술하기 전에 서약서 같은 것을 받아 놓기는 하지만 요즈음 같은 세상이라면 부모가 난리를 치며 병원에 드러눕기라도 했을 것이다.

이 친구는 몹시 괴로워하며 내 의견을 물었다. 그 쪽에서 보상이라도 요구하면 들어주고 마음의 부담을 덜 텐데 아무 말도 없으니 답답하다는 것이었다. 숙의 끝에 달동네에 있는 그 아이의 집을 함께 찾아가 거금을 내놓았다. 부모는 깜짝 놀라 했다. 액수도 액수지만 방문을 전혀 예상하지 못했던 것이다. 며칠 후 아이의 아버지가 병원을 찾아와 거듭 인사를 하고 갔다는 말을 전해 들었다.

이 친구 나를 보더니 대뜸 하는 말이 '나 좀 도와주라.'였다. 입원중인 환자가 결혼식을 올리는데 주례를 서달란다는 것이었다. 무슨 심각한 일이라도 생겼나 하고 갔는데 맥이 탁 풀렸다. 나는 그럼 주례 서주면 될 것 아니냐고 했다. 그랬더니 그간의 사정을 털어 놓으며 주례를 대신 서달라는 것이었다.

경운기 사고로 입원중인 환자가 주례를 부탁해서 건성으로 그러마고 했는데 막상 결혼식 날짜가 다가오니 도저히 안 되겠다는 것이다. 날짜를 물어보니 바로 다음날이었다. 그러더니 이 친구 다짜고짜 목발을 하고 있는 환자를 불러 나를 주례 선생님이라고 소개해 버렸다. 얼떨결에 주례가 된 것이다.

'하, 이런 황당한 경우가 있나?'

나는 그때까지 주례를 서본 적도, 주례사를 제대로 들어본 적도 없었다. 내가 가본 결혼식장이 대부분 시끄러웠던 탓인지 주례사가 잘 들리지 않았고 또 들어보려고 하지도 않았다. 그렇다고 해도 이 친구가 주례를 서는 모습은 도저히 상상이 되지 않았다. 그런 참상(?)을 보느니 차라리 내가 하는 편이 낫겠다 싶었다. 그렇게 해서 40 중반의 나이에 처음 엉겁결에 주례를 서게 되었다.

신랑의 이름과 식장의 위치, 시간만 듣고 이튿날 모란에 있는 예식장으로 갔다. 막상 식장에 도착하니 겁이 와락 났다. 이거야말로 큰일이었다. 한 번도 해본 적이 없는 주례를 덜컥 맡아 버렸으니 후회막급이었지만 이제 와서 도망칠 수도 없었다. 시간이 해결해 주겠지 하고 스스로를 다독거리며 들어갔다.

온통 시끄러웠다. 하객들이 무질서하게 들락날락거리는 모습이 마치 모란시장 바닥 같았다. 신랑의 얼굴이 잘 떠오르지 않았지만 목발이니 그 점만은 염려하지 않아도 되었다. 너무 긴장했기 때문에 무슨 말을 했는지 전혀 기억이 나지 않는다. 예식장 직원들이 '빨리빨리'를 연발하는 바람에 결혼식이 정말 빨리 끝났다. 결혼식이 끝난 다음 신랑도 '빨리빨리' 사라졌다. 인사도 없이 가버린 것이었다. 이런 법도 있나. 식장을 나오면서 아마 경황이 없었으리라고 대신 변명해보았지만 마음이 썩 개운치는 않았다. 이것이 나의 첫 주례에 얽힌 사연이다.

어정쩡하게 주례를 서기는 했지만 일단 물꼬를 트니 기다렸다는 듯이 주례 부탁이 하나둘 들어왔다. 처음에는 첫 주례의 씁쓸했던 기억 때문에 고사했다. 그러나 맺고 끊는 것이 분명치 못한, 우유부단한 성격 탓에 끝끝내 거절하지는 못했다. 사실 나는 40 중반에 이미 반백이 되어 실제 나이보다 훨씬 늙어 보였다. 먼발치에서 보면 충분히 주례를 설 만한 중후한 늙은이로 보였다.

그런데 내가 주례 부탁을 거절하지 않게 된 계기가 있었다.

우리 집에서 가사 도우미로 오랫동안 집안일을 도와주던 아주머니가 있었다. 아이들은 그녀를 이모라고 부르며 한 식구처럼 따랐다. 늘 갓난아기를 포함해서 아이 둘을 데리고 다녔다.

그러니 우리 집을 빼놓고는 불러주는 데가 없었다. 추운 겨울날에도 버스를 갈아타며 우리 집에 왔다. 사는 데가 아주 구석진 곳에 있었다. 나는 너무 안쓰러워서 항상 승용차로 집에 데려다줬다. 어느 날 이모가 아주 조심스럽게 말을 붙였다.

노총각 시동생이 결혼을 하는데 주례를 서달라는 것이었다. 순간 나는 이건 절대로 거절하면 안 된다는 생각이 들었다. 말을 듣자마자 승낙했다. 얼마나 어렵게 꺼낸 말이었을까.

식을 마치고 이모의 남편이 내게 조그마한 선물 봉지 하나를 건넸다. 나는 이분들의 형편을 잘 알고 있었기 때문에 극구 사양했다. 그때까지 몇 번 주례를 서는 동안 감사의 표시를 받기도 했지만 매번 무언가 어색함을 느끼곤 했었다. 그러나 이 경우 너무 사양하면 자칫 이분들의 자존심을 상하게 할 수도 있으리라는 생각이 들었다.

집에 와서 열어 보니 순금 다섯 돈짜리 행운의 열쇠가 들어 있었다. 이분들이 정말 분에 넘치는 짓(?)을 했구나 하는 생각에 마음이 답답했다. 그러나 이런 방법 이외에는 당신들의 마음을 달리 표현할 수 없었을 것이라고 생각하니 한결 마음의 부담을 덜 수 있었다.

나는 주례를 많이 서지는 않았다.

사돈되는 분은 80세까지 강의를 하셨다. 자그마한 체구의 이 어른은 학생들이 인간적으로 제일 좋아하는 교수님이었다고 한다. 삼백 번 넘게 주례를 서셨다는데 주례에 얽힌 에피소드가 많았다. 지금도 명절 때면 3~40명씩 인사를 온다고 했다. 내 위의 동서는 당신이 속해 있던 학과에 나이 먹은 남자 교수가 혼자라서 주례를 도맡아 서다 보니 백 번 정도는 한 것 같다고 했다.

나는 줄곧 대학원에서 가르쳤기 때문에 제자가 많지 않다. 그래도 제자를 포함하여 직장의 동료 직원이나 그 가족의 주례를 여러 번 선 적이 있다. 모두 합해서 스무 번은 넘지 않나 싶다. 비록 횟수는 얼마 되지 않지만 대신에 나는 특이한 기록을 몇 개 갖고 있다.

같은 예식장 같은 룸에서 한 시간 시차로 연속 주례를 선 적이 있다. 한 사람은 아들의 고등학교 동창이고 다른 사람은 아내가 친구와 함께 운영하는 가게에서 아르바이트를 했던 아가씨였다. 이 아가씨는 수능 시험 보고 바로 와서 대학 졸업 후까지 5년 동안이나 거기에서 일을 했다. 아들 친구는 그 어머니가 부탁을 해 와서 승낙했는데 공교롭게도 내게 이런 기록을 만들어준 것이다. 전문 주례에게나 있을 법한 아주 드문 경우지만 그렇다고 대단한 기록이라고까지 할 수는 없을 것이다.

다음의 사례는 주례를 섰던 나 자신이 생각해도 희한한 경우다.

몇 년 전 서울의 어느 유수한 대학의 교수로 재직하고 있던 친구가 아들 결혼식 주례를 부탁해 왔다. 처음에는 극구 사양했다. 그 쪽에 주례를 서줄 사람들이 많을 텐데 왜 굳이 내게 그런 막중한(?) 일을 맡기려는가 하며 고사했다.

그렇지만 부부끼리 허물없이 지내는 사이였고 신랑의 성장 과정을 잘 알고 있으니 그런 요청을 받는 것은 기분 좋은 일이었다.

아무튼 주례사를 열심히 궁리해 보았다. 결혼식은 한 쌍의 남녀가 일생을 통하여 겪는 몇 안 되는 대사 중 하나인데 주례사를 소홀히 할 수는 없는 노릇이었다. 결혼식이 끝난 후 스스로도 괜찮은 주례사를 했다고 생각했다. 그런데 결혼 뒤풀이 모임에서 주례사에 대한 칭찬이 많았다는 이야기를 들었다. 나는 그때까지만 해도 주례사를 귀담아 듣는 사람이 과연 몇이나 될까 하는 의구심을 갖고 있었다.

그럼에도 의외로 주례사에 대해 한마디씩 한다는 것이었다.

요즈음 나이 먹은 여자들은 모임이 많다. 예전에는 동창 모임 정도가 고작이었는데 이제는 교회나 학부모 모임 등 그 외연이 상당히 넓어졌다. 자주 만나는데 무슨 할 이야기가 그리 많겠는가. 그러니 주례사도 입방아에 오르는 것이다. 어쨌거나 주례사에 대한 품평이 몇 번 있었던 것 같았다. 그런데 나중에 뜻밖의 사건으로 이어졌다.

2년 쯤 지난 어느 날 친구 부인의 전화를 받았다.

학부모 모임의 멤버 중 한 사람이 나를 주례로 모시고 싶어 한다는 것이었다. 일단 내 의사를 타진하기 위해서 전화를 걸었노라고 했다. 너무 뜻밖이라 어떻게 대답을 해야 할지 몰라서 우물쭈물했다. 둘째 아들과 고교 동창인데 대기업에 다니고 있다고 했다.

이번에도 은사에게 부탁하는 것이 좋지 않겠는가 하고 일단 사양했다. 친구 부인은 거기에도 사정이 있지 않겠느냐며 은근히 밀어 대었다. 생각을 많이 해보고 전화를 했을 텐데 거절할 수가 없었다.

나중에 들은 이야기로는 학부 시절의 교수에게 부탁을 했으나 여의치 못했다는 것이다.

하기야 주례 부탁은 여러 가지 생각해 본 다음 어렵게 하는 것인데 면전에서 거절당하면 그 민망함은 쉽게 지워지지 않을 것이다. 요즈음은 주례 없는 결혼식도 많이 한다.

주례 구하는 것도 그렇고 천편일률적인 이야기나 늘어놓는 주례사도 지겨우니 형식 따위에 매이지 않고 내 마음대로 하겠다는 것이다. 아무튼 이분들은 옛날 방식을 원했다.

얼마 후 예비 신랑신부와 부모님을 만났는데 아주 점잖은 분들이었다. 결혼식 하객으로 왔다가 주례를 보고 아들 결혼식 주례로 모시고자

했으니 내게는 더 없는 영광이었다. 이번에도 친구 부인에게서 역시 같은 후일담을 들었다. 거기에 덧붙여 아무도 내가 먼저 번 결혼식의 주례였다는 사실을 모르더라고 전했다. 그래서 두 어머니들이 아무 말 않고 비밀스런 눈짓만 교환했다고 한다. 내가 다른 사람들에게 이 흔치 않은 사건의 경위를 말해 주었더니 세상에 그런 일이 다 있는가 하며 놀라워했다. 어깨가 으쓱했다.

이 일이 있은 후 한 번 더 주례를 섰다.

두세 건 예약을 받기는 했지만 당사자들이 꿈쩍 않고 있으니 답답한 건 부모들뿐이다. 직장에서 오랫동안 함께 근무했던 친구가 아들 결혼식 주례를 부탁해 왔다.

이 친구의 말을 들어 보니 아들이 대단히 적극적이고 독립심이 강한 사람 같았다. 대학을 졸업한 후 아들은 홀로 일본, 미국, 브라질 등지에서 한국어 강사를 하며 씩씩하게 지내고 있었다.

그는 브라질에서 한국어를 가르치다가 브라질 처녀를 만나 결혼하게 되었다. 브라질에서 이미 결혼식을 한 차례 올렸고 이번에 한국에서 두 번째 결혼식을 하게 된 경우였다. 신부는 브라질에서 법과대학을 나온 예비 변호사이고 아버지는 대학교수였는데 유감스럽게도 신부의 어머니가 그 얼마 전에 돌아가셨다.

결혼식에는 신부 측에서 아버지와 고모 그리고 친구 몇 명이 참석했다. 나는 이들을 위해 결혼서약서를 포르투갈어로 낭독해 주고 싶었다. 아무리 인터넷을 뒤져도 스페인어는 있지만 포르투갈어 결혼서약서는 찾을 수 없었다.

생각 끝에 외국어대학교 포르투갈어과에 문의를 했다. 전화를 받은 조교에게 사정을 설명하고 유료 번역이 가능한지 물었다. 조교는 자신이 그냥 해주겠다고 했다. 얼마나 고마웠던지…….

결혼서약서를 한국어와 포르투갈어로 읽었는데 신부 측 사람들이 너무 좋아했다. 이역만리 먼 나라에 딸을 시집보내는 부모의 마음을 조금이나마 위로해 주고 싶었다.

그런데 지난 2월에 세상에 둘도 없을 주례를 섰다.

한 동네 사는 분이 대전에서 직장생활을 하고 있는 아들 결혼식 주례를 부탁해 왔다.

나는 평소 이분이 생각이 깊은 사람이라는 것을 알고는 있었지만 워낙 말수가 적어서 특별히 교분을 쌓고 지내지는 않았었다. 시골에 내려와 살기 시작한 지 십여 년이 지났지만 이분처럼 조용한 사람은 보지 못했다. 그런데 갑자기 큰일을 부탁해 온 것이다.

물론 흔쾌히 수락했다. 그리고 뜻밖의 이야기를 들었다. 38년 전 자신이 결혼식을 올릴 때 나의 선친께서 주례를 서 주셨다는 것이다. 이제 내가 그 아들 주례를 서게 되었으니 대를 이은 주례가 된 것이다.

세상에 이런 일도 다 있나. 시간을 따져 보니 아버지가 지병으로 시한부 삶을 살고 계실 때였다. 일체 내색도 하지 않으시고 주례를 서 주신 것이었다.

결혼식 하객으로 온 분의 혼사에서 주례를 맡는 것도 희한한 일인데 대를 이어 주례를 서게 되다니 이건 정말 가족사에 기록될 만한 사건이 아닐 수 없었다.

주례사를 할 때 대를 이은 주례라는 것을 밝혔더니 우레와 같은 박수가 터졌다. 보통 10분도 안 되게 주례사를 하는 동안에 그렇게 큰 박수를 받아보기는 처음이었다.

앞으로 또 주례를 설 기회가 있을는지, 또 어떤 기록이 만들어질지 모르지만 스무 번 남짓한 주례에 이런 진기한 기록들을 갖게 된 것은 축복이 아닐 수 없다.

그래서 인생은 또 기다려볼 만한 것인지도 모르겠다.

제5장

여행기

칼라파타르 가는 길

박타 타쿠리는 지난 십여 년간 나의 트래킹 에이전트였다.

그는 트래킹을 오는 사람들을 맞이해야 하기 때문에 내 가이드를 하거나 짐을 나른 적은 없었다. 대신에 그의 아들 크리슈나, 손자뻘 되는 암리트를 비롯하여 그의 일가 여러 사람들이 가이드나 포터를 담당했다.

나는 매번 겨울철에 네팔을 방문했다.

더위가 싫었고 무엇보다도 트래커들이 북새통을 이루는 시기는 피하고 싶었기 때문이다. 한 겨울에는 대부분의 여관들이 문을 닫는다. 겨울 트래킹을 하며 지나치는 마을은 그야말로 적막강산이다. 어쩌다 마주치는 사람들의 모습은 우리가 그동안 잊고 있었던 '한가로움' 그 자체다. 그런데 사실은 내가 그간 만났던 사람들은 대부분 여관을 운영하는 사람들이라 산 생활의 진짜 모습은 볼 수 없었다.

나는 이들의 사는 모습을 가까이에서 보고 싶었다.

박타에게 그의 고향 마을에 함께 가보자고 했다. 출발하는 날 아침 호텔 앞에 서 있는 차에 이미 7명의 대부대가 타고 있었다. 카트만두에 사는 박타의 친척과 마을 사람들이었다. 그들에게 이런 절호의 기회를 놓친다는 것은 있을 수 없는 일이었다. 차는 내가 빌렸는데 이참에 고향 집에 가보자고 너도나도 올라탔던 것이다.

박타는 내게 미리 양해를 구하지도 않았다. 그러나 그는 이것이 문제가 되리라고 전혀 생각하지 않은 것 같았다. 그에게 7인승 차를 운전

수 포함해서 단 세 명만 타고 간다는 것은 그야말로 말도 안 되는 낭비일 뿐이었다.

중국과 국경을 대고 있는 돌라카 지역의 코다리에서부터 걸어서 2천 5백 미터 고도에 위치한 그의 고향 마을에 갔다. 마을 위쪽에는 세르파 족, 아래쪽에는 타망 족이 살고 있는 오지였다. 흥미로운 점은 타쿠리가 세르파와는 통혼(通婚)을 하지만 타망과는 절대로 하지 않는다는 것이다. 무슨 역사적 사연이 있었는지는 몰라도 고산족들에게는 카스트에 따른 차별 같은 것이 없을 줄 알았는데 그렇지가 않았다.

타쿠리의 아들 크리슈나는 아버지의 반대를 무릅쓰고 타망 여자와 결혼했다. 박타는 아들과 의절했다. 트레킹을 처음 시작했을 때 만났던 타쿠리 부자는 더 없이 사이가 좋았었다. 그들에게 이런 일이 생기리라고는 짐작도 못 했다. 네팔에 올 때마다 크리슈나가 공항에 마중을 나왔었는데 최근 몇 년간 보이질 않았다.

그런 사정이 있었다는 것을 모르고 박타에게 아들 안부를 몇 번이나 물었다. 그때마다 그는 얼버무리면서 화제를 돌렸다. 조금 의아했으나 크리슈나가 스위스의 어느 호텔에서 요리사 보조로 일을 한 적이 있어서 이번에도 아직 돌아오지 않은 모양이구나 생각했다. 나중에 암리트는 박타 앞에서 크리슈나 이름을 입에 올리는 것은 금기라고 했다.

사흘 동안 박타의 고향집에 머물면서 산 생활의 이모저모를 볼 수 있었다. 제일 흥미로웠던 점은 부엌에 굴뚝이 달려 있지 않다는 것이었다. 박타의 집은 이층집으로 규모도 크고 멀리서 보면 꽤 그럴 듯해 보였다. 아침과 점심은 마당에 있는 테이블에서, 저녁 식사는 부엌에서 먹었다. 부엌 한 편에 촛불을 켜놓고 간단한 요리를 했다. 연기가 자욱해서 밥 먹기가 아주 불편했다. 나는 박타에게 왜 부엌에 굴뚝이 없는지 물어보았다.

그는 스스로가 딱하다는 듯이 이곳의 집들이 다 그렇다고 했다. 트레킹을 처음 시작할 때 갔던 랑탕 지역의 여관집 부엌도 굴뚝이 따로 없었다. 위쪽에 구멍이 뚫려 있어서 연기가 그리로 빠져 나갔다. 박타의 부엌은 그런 구멍도 없었다. 화장실은 깨끗했다. 박타가 고향에 돌아와 첫 번째로 한 일이 마을 사람들을 설득해서 화장실 '문화'를 바꾸는 것이었다고 한다. 그 전에는 대충 들판에서 큰일 작은일 모두 해결했는데 이런 습관을 바꾼 것이다. 이것은 엄청난 변화였다.

여기 있는 동안 박타의 드라마 같은 인생 이야기를 들을 수 있었다. 박타는 왜소했다. 자랄 때 제대로 먹지 못해서 그렇게 되었다는 것이다. 그는 15살이던 어느 날 새벽 카트만두를 향해 무작정 집을 나섰다. 수중에 돈 한 푼 있을 리 없었지만 집에서는 너무 배가 고파서 더 이상 견딜 수가 없었다. 그는 집에서 감자 세 알을 훔쳐 품에 넣고 이야기로만 듣고 있었던 카트만두를 향해 걷고 또 걸었다.

운이 좋은 날은 먹다 남은 밥을 조금 얻어먹을 수 있었지만 거의 굶다시피 하며 카트만두에 갔다. 며칠을 걸었는지 기억이 나지 않을 정도로 탈진 상태가 되어 길가에 쓰러졌다. 카트만두에 왔지만 그가 할 수 있는 일은 걸뱅이가 되는 것뿐이었다. 다시 이틀 동안 노숙을 하며 쓰러져 있던 그를 어떤 사람이 건축 공사판으로 데리고 갔다.

몸집이 너무 작아서 무거운 짐을 나르는 일은 할 수 없었다. 비록 하루 한 끼에 불과했지만 밥을 얻어먹을 수 있다는 것만으로도 그는 행복

했다. 물론 돈은 한 푼도 받지 못했다. 공사판을 전전하며 잠은 현장 한 구석에서 잤다. 그렇게 2년을 보냈다.

그 무렵 군대에 입대하면 숙식은 물론 급료도 받는다는 이야기를 듣고 군대에 지원했다. 모병관은 그의 왜소한 체구를 보고 입대 불가 판정을 내렸다. 그는 포기하지 않고 1년을 매달린 끝에 겨우 입대할 수 있었다. 뒤이어 그는 여러 가지 어려움을 뚫고 공수부대에 합류했다. 일반 부대보다 사정이 나으리라는 생각에 지원했지만 월급은 40루피였다. 1달러도 되지 않는 금액이었다.

박타는 군대에서 비로소 세상에 눈을 뜨게 되었다.

네팔 이외에 많은 나라들이 있고 네팔과는 비교조차 할 수 없는 부유한 나라들이 있다는 것을 알게 되었다. 농사일 말고도 다른 일거리들이 많이 있다는 것도 알았다. 외국인들이 트래킹이라는 것을 하며 돈을 뿌리고 다니는 것도 보았다. 군대 생활 10년을 하고 제대 신청을 했으나 상관은 그를 놓아주지 않았다.

그러나 그는 돈을 벌고 싶어서 탈영해 버렸다. 그걸로 군대와의 인연은 끝이었다. 당시 네팔은 국가라고 할 수 없을 정도로 모든 것이 허술했다. 네팔 군대는 탈영병을 추적할 여력이 없었지만 설사 그럴 의지가 있어도 당시 사정에 비추어 볼 때 사실상 불가능한 일이었다. 군대 근무 기록도 제대로 보관되어 있지 않았다. 박타는 곧바로 트래커들의 짐을 나르는 포터 일을 시작했다. 포터 일을 하면서 간단한 영어 단어 몇 개도 배웠고 트래킹 회사가 어떻게 운영되는지 보았다.

포터 일을 몇 년 한 다음 텐트 트래킹의 요리사 보조가 되었다. 포터,

요리사 보조, 요리사를 거쳐 10여 년 만에 가이드 면허를 땄다. 꽤 오랜 시간이 걸렸는데 영어 때문이었다. 박타는 빨리 자신의 트래킹 회사를 차리고 싶었다. 여기서도 영어가 걸림돌이었다. 간단한 대화는 문제가 없었지만 읽고 쓰지는 못했다. 다행히 스위스 호텔에서 20년간 요리사 생활을 한 친구가 이 부분을 도와주었다.

트래킹 회사래야 월세 집에 전화기와 컴퓨터 한 대면 누구나 시작은 할 수 있다. 처음에는 자신이 가이드를 맡고 아들이 포터를 하는 그야말로 초미니 트래킹 회사로 출발했다.

차츰 단골 고객이 생기고 노하우가 쌓여서 고향에 있는 친척들을 불러들여서 포터, 가이드를 시켰다. 많은 이들에게 일자리를 마련해준 것이다. 그렇게 돈을 벌어 고향에 집을 지었다. 그는 도망치듯 고향을 떠나 '대단히' 성공한 사람이 되어 돌아왔다.

이번 칼라파타르 트래킹에는 특별히 박타가 가이드를 자청했다.

그도 이제 나이가 적지 않아서 괜찮을까 하는 염려도 들었지만 문제가 생기면 동행하는 암리트가 대신할 터였다. 카트만두에서 비행기로 약 40분 거리인 루클라의 낯익은 모습이 내 시야에 들어왔다.

카트만두 분지의 몇몇 도시들을 제외하고는 대부분의 네팔 도시들이 그런 것처럼 루클라도 산비탈에 자리 잡고 있다. 높은 산들 사이로 갑자기 나타난 나지막한 집들이 겨울 햇볕의 따사로움을 한가롭게 즐기고 있는 듯했다.

처음 이곳에 올 때는 활주로 같은 것이 보이지 않아서 이상하게 생각했었다. 나중에 자갈로 포장한 짧은 활주로가 기울어져 있어서 아찔한 느낌이 들었는데, 이제는 아스팔트 포장이 되어 있고 제법 모양도 갖추었다. 촘촘하게 만들어진 18인승 비행기의 좌석이 텅 비어 있었다.

겨울에는 트래킹 하러 오는 사람들이 대폭 줄어든다. 예전에는 정부군과 마오이스트들의 내전 때문에 방문객들의 수가 현저하게 감소했었다. 트래킹 도중 마오이스트들의 검문소를 지나게 되면 통행료라는 것을 내야 했다. 이제 그런 일은 없어졌지만 대신에 대규모 지진과 같은 자연재해가 나라 전체를 휘청거리게 하고 있다.

루클라는 히말라야 트레킹이 시작되는 곳이다. 그래서 초소형 공항이지만 상당히 붐비는 편이다. 기류 때문에 비행기가 뜨거나 착륙하지 못할 때가 많다.

루클라 공항은 전 세계에서 가장 위험한 공항으로 알려져 있다. 활주로 길이는 500m밖에 되지 않고 그 끝은 다시 500m의 깎아지른 절벽이다. 활주로가 수평으로 되어 있지 않고 10도 이상 기울어져 있다.

이륙할 때는 내리막이라 비행기에 가속도가 붙어서 활주로 끝에서 공중으로 떠오르게 되어 있다. 반대로 착륙은 오르막이어서 짧은 활주로를 어느 정도 보완해 준다. 항공모함 이착륙과 다를 바 없다. 네팔 항공 당국은 네팔에서 1년 이상 비행기 조종을 했고 100번 이상 짧은 활주로 이착륙 경험이 있는 조종사에게만 루클라 공항 접근을 허가해 주고 있다. 그런데도 사고가 끊이지 않는다.

이번이 몇 번째인가.

매년 성지순례를 하듯이 히말라야 산턱을 찾아오다가 이런저런 이유로 몇 년을 쉬고 다시 시작하게 되었다. 하긴 서른 몇 번이나 왔다는 사람이나 히말라야가 좋아서 아예 산중에 주저앉아버린 사람에 비하면 몇 번 다녀간 것이 무슨 대수이겠는가.

이번 길은 같은 직장의 박흥기 교수와 동행을 했다. 늘 혼자 다니다 박 교수에게 같아 가자고 제안했다. 그는 천하장사 못지않게 힘이 좋은 사람인지라 고산 트래킹에 전혀 문제가 없을 것 같았다. 내가 오히려 걱정이 되었다. 루클라에서 점심으로 달밧(쌀밥, 콩스프 그리고 약간의 야채)을 먹고 조르살레까지 걸었다. 지난번에 파크딩까지 갔던 것에 비하면 이번에는 약간 강행군이었다. 박타가 내 실력(?)을 인정해서 다소 무리를 하는 것 아닌가 싶었다.

조르살레의 여관집 여주인이 며칠 전에 아기를 낳았다고 해서 이곳 풍습대로 약간의 축하금을 내고 행운을 빌어 주었다. 아기가 너무 작은 데다 추위 때문에 포대기로 여러 겹 둘러싸서 그런지 숨을 제대로 쉴 수가 있을까 걱정스러웠다. 무슨 전생의 인연이 있기에 이 산중에서 태어나게 되었는지 모르지만 부디 건강하게 자라라고 기도해 주었다.

다음날 남체로 가는 길에 나뭇짐을 지고 가는 사람들을 여럿 만났다. 왜소한 체구에 엄청나게 무거워 보이는 땔나무를 바구니에 지고 가는데 그 무게가 보통 50kg 정도는 된다고 하였다. 1년에 단 15일간만 벌채가 허용되고 그나마 하루에 한 가구 당 두 사람만 나무를 할 수 있다. 체구로 보아서 열서너 살이나 되었을까 하는 아이가 자신의 몸무게보다도 더 무거운 짐을 지고 가는 것을 여럿 보았다. 하긴 땔나무가 없으면 밥을 해먹을 수도, 밤에 추위를 피할 수도 없고 이들이 좋아하는 차도 끓여 먹을 수 없으니 선택의 여지가 없다.

예전에 우리 선대 어른들이 사랑방에 쌀가마를 쌓아 놓고 살았던 것처럼 이곳에는 집집마다 장작더미가 쌓여 있다. 이들 외에도 위태로워 보일 정도로 무거운 짐을 지고 가는 사람들을 계속해서 만났다.

이들의 모습은 마치 자신보다 몇 배나 큰 먹이를 나르는 개미들을 연상케 하였다. 암리트에 의하면, 이들이 지고 가는 짐은 거의가 100kg에 육박한다.

루클라에서 남체까지는 우리 같은 사람이 짐 없이도 이틀 걸리는데 이들은 이 무거운 짐을 지고 보통 이틀 만에 주파한다고 한다. 1kg에 8루피니까 100kg 지고 가면 800루피를 받는다. 먹고 자는 최소한의 경비를 제외하면 약 500루피 정도 손에 넣는다고 하는데 우리 돈으로 7,000원 남짓한 액수다.

그나마 이런 일거리가 계속 있는 것도 아니라고 한다. 간혹 이들과 간식을 나누어 먹기도 했지만 나는 아무 말도 건네지 않았다. 잠시 휴식 시간을 갖고 있는 이들을 방해하고 싶지 않았다.

칼라파타르로 가는 도중의 제일 크고 번화한 도시 남체에서 뜻밖에 한국 처녀 한 사람을 만났다. 내가 비교적 한적한 겨울 시즌에만 트래킹을 하기 때문에 한국 사람을 산중에서 만나는 것은 매우 드문 일이었다. 가이드를 동반한다고 해도 한국 여자가 혼자 트래킹 하는 것은 그리 흔한 일은 아니다. 1년에 한 달씩 세 차례 왔다가 감질이 나서 6개월 예정으로 왔다는 것이다. 그것도 7년이나 다니던 직장을 그만두고 왔다니 아무튼 무언가 별난 사람으로 보였다.

나는 이 처녀에게서 요즈음 우리나라에서는 보기 드문 건강하고 자연스러운 얼굴을 보았다. 너무나 꾸밈이 없어서 약간은 천방지축처럼 보이기도 했다. 나를 마치 이웃집 아저씨인 양 스스럼없이 대했지만 나는 별 거부감을 느끼지 않았다.

왜 왔냐는 물음에 이 처녀 주저하지도 않고 "여기는 한국에서처럼 악다구니가 없잖아요."라고 대답했다. 질문을 한 내가 도리어 당황스러웠다. 그렇다면 나는 무엇 때문에 여기 오는가. 이어지는 또 한 마디가 나를 다시 흔들어 놓았다.

"여기서는요, 파리도 도망가지 않아요. 저를 죽이려고 하는 줄도 몰라요."

불현듯 트래킹 도중 내내 마주쳤던 야크들의 순한 모습이 떠올랐다.

네팔의 산길에서 흔하게 만나는 동물이 야크다. 산속에서는 운반 수단이 야크 아니면 사람뿐이기 때문에 야크는 산사람들에게 매우 소중한 동물이다. 야크의 뿔은 길고 매우 날카롭다. 온순한 짐승이 산중에서 살아남기 위해서 그렇게 진화한 것이 아닌가 하는 생각이 들었다. 초식 동물이 위험하고 척박한 환경에서 생존하려면 모습만이라도 위협적이어야 하지 않았을까.

그런데 이렇게 겁나 보이는 뿔과는 대조적으로 야크의 눈은 유순함 그 자체다. 작은 체구의 야크에 비하면 우리나라의 소는 오히려 도전적이라고 할 수 있을 만큼 위압적이다. 그러고 보니 마을에서 지나치게 되는 개나 닭 그 어느 것도 사람을 피하거나 두려워하지 않았다. 어렵게 살아가는 이곳 사람들의 눈에서도 분노와 같은 것은 찾아볼 수 없었다.

돌이켜 보면, 그동안 나와 함께 트래킹을 한 가이드들, 그리고 오랜 지기이자 이번에 특별히 가이드를 자청한 박타 타쿠리, 이들도 모두 걱정이 없는 사람들 같았다. 나이 오십에 그 힘든 포터 일을 하고 있는 비비는 특히 하루하루에 만족하고 사는 사람처럼 보였다. 가족이 그립지 않느냐는 물음에 1년에 4~5개월은 같이 지낼 수 있으니 충분하다며 빙긋이 웃었다. 그의 선한 눈은 삶이 어차피 고통인데 그걸 걱정해서 무엇 하겠는가 하고 말하는 듯했다.

하기야 해발 5,500m에 있는 칼라파타르 언덕까지 가는 길도 고통의 연속이었다. 산소가 부족하여 숨이 가쁜 것이 고통이고, 식욕이 없어서 굶다시피 하는 것도 고통이고, 고산병 증세로 잠을 자지 못하는 것이 고통인데 무엇 때문에 사서 고생을 하는가.

페리체에서 로부체로 가는 가파른 언덕길에서 칼바람이 등을 후려치며 묻는 듯했다. 왜 또 왔는가. 여기는 삶의 찌든 때를 벗겨 놓고 가는 데가 아니다. 그러려고 왔다면 도로 가져가거라. 오는 도중에 지나쳤던 그 많은 마니차를 보고 무엇을 느꼈는가. 네가 고통스러워하는 여기는 이들의 삶의 터전이 아닌가. 답도 없는 물음을 스스로에게 던지며 힐러리가 베이스캠프를 설치했다던 고락셉에 도착하였다.

다음날 이른 아침, 지난밤을 꼬박 지새우기는 했지만 그래도 산신들이 모이는 언덕에 가면 무슨 소식이라도 얻을 수 있지 않을까 하는 자그만 바람을 가지고 칼라파타르에 올라갔다. 그러나 그것은 어리석은 자의 어림없는 소망이라는 것이 곧 드러났다.

영감은커녕 오히려 한 발 한 발이 괴로움이라서 아무런 생각도 들지 않았다. 에베레스트가 바로 눈앞으로 다가왔고 형제봉들이 사방에 둘러서 있다. 칼라파타르, 히말라야 산신들의 정기가 서려 있는 언덕, 그들은 여기에 기어이 올라오는 중생들을 보고 무어라고 할까.

알버커키에서 라스베가스까지

9월 28일 늦은 저녁 알버커키 공항에 내리니 아내의 친구인 태자(윤태자) 씨가 우리를 반갑게 맞아 주었다. 태자 씨의 차를 타고 그녀의 집으로 가는 동안 차창 밖으로 스치는 도시의 모습을 보니 40년 전의 기억들이 순서 없이 뇌리에 떠올랐다. 이 얼마만인가.

1983년 공부를 마치고 떠난 지 35년 만에 알버커키를 다시 찾았다. 막연하게 한 번 가보고 싶다는 생각을 하고는 있었지만 실행에 옮기게 된 것은 아들, 며느리의 강권 때문이었다. 미국을 방문한다면 알버커키와 라스베가스 두 곳을 가고 싶다고 말을 한 적이 있었다.

알버커키는 많은 추억이 서려 있는 곳이고 라스베가스는 다정한 친구 전춘택 박사가 사는 곳이다. 아들 내외가 이걸 기억하고 있다가 불쑥 여행 카드를 내민 것이다.

이것저것 생각하며 사양했지만 소용이 없었다. 아들과 며느리는 추석 연휴 이외에는 시간을 낼 수 없기 때문에 그냥 비행기 표를 구입하고 여행을 기정사실화해 버렸다. 그렇게 해서 아내와 나, 아들 부부 네 식구의 알버커키 행이 이루어졌다.

알버커키는 사실상 내게 제2의 고향이나 다름없다.

알러지 때문에 공부하는 내내 고생했지만 좋은 추억을 많이 만들어 주었고 성인이 된 이후 가장 오래 살았던 곳이기도 하다. 오클라호마대학에서 석사를 마치고 1976년 알버커키에 와서 1년 반 정도 있다가 귀국해서 수도여자사범대학(현 세종대학교)에 자리를 잡았다.

이때 형수님의 소개로 중학교 선생인 아내를 만나 결혼을 했다. 가정을 꾸릴 능력도 의사도 없었지만 집안에서는 노총각(32살?)을 그냥 놓아둘 생각이 전혀 없었다.

다행히 결혼을 약속하고 두 달쯤 후에 아무런 연고도 없는 대학의 전임강사가 되었다. 지금도 그렇지만 당시는 대학교수 자리를 얻는 것이 매우 어려웠던 때였다.

아내는 자신이 행운을 가져왔기 때문이라고 주장하는데 그게 아니라면 달리 설명할 방법이 없으니 맞는 것 같다.

겨우 두 학기 지나서 그만두려고 하니 원로 교수님들이 극구 말렸다. 박사 학위는 교수가 되려고 받는 것인데 이미 교수가 되었으니 논문이야 천천히 써도 되지 않느냐는 것이었다. 그러나 그즈음의 수도사대는 내가 생각하는 대학의 모습과는 거리가 멀었다. 젊은 객기에 미련 없이 사표를 내던지고 아내와 함께 알버커키로 돌아왔다.

살 곳을 구할 때까지 염치 불구하고 이경화 박사님 댁에 신세를 졌다. 이 박사님은 당신이 할 수 있으면 전후좌우 따지지 않고 그냥 도와주시는 그런 분이었다. 학생들을 포함하여 많은 이들이 이 박사님의 도움을 받았다. 당시 이 박사님은 유학생들의 대부와 같은 존재였다.

아내는 알버커키에 온 지 얼마 되지 않아서 중학교 때 선생님을 만났다. 김준호 박사님 사모님인 홍수영 선생님이었다.

아내는 영어가 서툴렀지만 두 분 덕택에 CVI에 취직해서 그분들과 함께 편안하게 직장생활을 할 수 있었다. 두 분이 아니었다면 아마도 험한 일께나 하며 무척 고생했을 것이다. 유학생들이 모두 부러워했다. 두 분은 그때도 그랬지만 이번에도 여전히 소년-소녀의 모습을 간직하고 계셨다.

뉴멕시코 대학에 재직하다가 포항공대로 가셨던 고 박수문 교수님의 정년퇴임식에는 아내와 함께 포항까지 가서 참석했었다. 당시에도 건강에 문제가 있다고 했는데 돌아가신 것을 알버커키에 와서 들었다. 뒤늦게나마 고인의 명복을 빈다.

알버커키에 사는 동안 박황배 박사님과는 형제처럼 지냈다. 동부 어느 대학에 재직하고 계시다는 정도만 알고 있는데 소식이 궁금하다. 1980년 전후에 꽤 많은 한국 학생들이 있었는데 그 중에서 김해경(연세대) 교수, 김영태(동국대) 교수와는 지금도 가끔 만나고 있다. 이런 인연으로 김해경 교수의 맏아들 결혼식 주례를 섰다. 둘째 아들이 결혼하면 또 주례를 부탁해 올는지도 모르겠다.

이번 방문에 철학과 은사이신 고 슈미트(Paul Schmidt) 교수님의 부인 베이커(Gail Baker Schmidt) 교수님을 뵙고 싶었다. 철학과 사무실에 들러 보았지만 연락할 방법이 없었다. 올해 발간한 책 『철학의 종언 그 새로운 시작』 개정판을 슈미트 교수님께 헌정했는데 한 권 전해드리려고 했다.

채식주의자이며 지나치다 싶을 정도로 단순 소박한 삶을 고집했던 선생님은 내게 은사이자 은인이었다. 선생님의 도움이 없었다면 학위를 받지 못했을 것이다. 또한 호스트 패밀리 에드워즈(Eddie & Freddie Edwards) 부부의 딸인 훼이스(Faith)와 린다(Linda)를 만나고 싶었지만 소재를 파악할 수 없었다.

에디와 후레디는 박사학위 수여를 축하해 주려고 철학과 교수들 그리고 이 박사님을 비롯하여 한국 분들을 집으로 초대하여 파티를 열어 주었을 정도로 내겐 부모님과 같은 분들이었다. 오랫동안 소식을 주고받았는데 에디가 세상을 뜨면서 연락이 끊겼다. 눈에 띄는 미인이었던 훼이스와 린다도 이제 70 전후일 테니 어떤 모습으로 변했는지 보고 싶었는데 아쉽게 되었다.

네 명이나 되는 대부대(?)의 여행이었기 때문에 한갓지게 호텔에 숙소를 정해서 다니려고 했다. 그런데 태자 씨는 애초부터 우리가 당신 집에 머무는 것을 당연하게 생각했다. 우리 부부는 그 호의를 고맙게 받아들였고 하루 늦게 도착한 아들 부부는 호텔에 여장을 풀었다. 시간적 여유가 없었기 때문에 곧바로 산타페 방문에 나섰다.

배곯는 아티스트들(starving artists)의 고향이라고 불리기도 했던 산타페는 현대 미국의 대표적 여류화가 중 한 사람인 조지아 오키프(Georgia O'Keeffe)가 인생 말년을 보낸 곳이기도 하다. 여기저기 기웃거리고 미술관에 들어가 보기도 하며 시간을 보냈다.

늦은 점심을 먹고 밴덜리어 인디언 유적을 보러 갔다. 시차 때문에 피곤이 몰려왔지만 첫날이라 그런지 모두 열심히 사진을 찍었다. 저녁에 이 박사님, 김 박사님, 태자 씨 내외분들을 만나서 35년만의 인사를 나누고 이야기꽃을 피웠다. 그냥 헤어지는 것이 서운해서 김 박사님 댁으로 가서 티타임을 가지며 또 이바구를 계속 이어 갔다.

일요일에는 교회 예배에 참석했다.

이 박사님으로부터 교회 건물 세우기까지의 이야기를 들었는데 참 대단하다는 생각이 들었다. 아내가 독실한 기독교 신자이고 둘째 형님이 목회를 하시지만 나는 70이 넘도록 교회에 가본 적이 없었다. 목사님이 마치 자애로운 형님을 대하듯 하나님께 기도하는 모습이 인상적이었다. 예나 지금이나 스스로를 충분히 종교적이라고 생각하고 있는데, 이 날은 오래 두고 기억에 남을 것 같다.

오후에 모라 박사님 내외분 그리고 브로더 사장님을 함께 만났다.

모라 박사님 내외분과는 정말 흉허물 없이 지냈다. 유학생들 중에서 유독 우리와 가까웠고 늘 살갑게 대해 주셨다. 총각 시절에는 자주 가서 밥을 축내곤 했었다. 이번에 오랜만인데도 바로 엊그제 만났던 사람들처럼 격의 없이 대화를 나누었다.

브로더 사장님은 세월을 비켜 가신 듯 몰라보게 젊음을 유지하고 계셨다. 고려정에서 불고기를 맛있게 먹던 생각이 났다. 이야기가 길어져서 저녁까지 먹고 헤어졌다.

아들과 며느리는 인사만 드리고 호텔로 갔는데 오후 내내 잠을 자느라 연락이 되지 않아 잠시 걱정을 했다. 1600미터나 되는 알버커키의 고도, 건조한 날씨, 강한 햇볕은 처음 방문하는 사람을 금방 늘어지게 만든다. 여기에 시차도 있으니 무리도 아니었다.

다음날 아침 후런티어 식당에서 오영 여사님 주최로 여러분과 같이 환송(?) 식사를 했다. 오 여사님은 그때도 그랬지만 이번에 뵈었을 때도 순수함 그대로였다. 혼자 미국생활을 하시느라 힘도 들었을 텐데 여전히 밝은 모습이셨다.

학생들의 단골 식당이었던 후런티어는 옛날에 비해 훨씬 커졌으나 정겨운 모습은 그대로였다. 몇 십 년 만에 느닷없이 나타난 방문객의 떠나는 순간을 더욱 아쉽도록 만드신 오 여사님이 너무 고마웠다.

알버커키에 체류하는 동안 태자 씨는 우리를 세심하게 보살펴 주었다. 아무리 아내의 친구라고 하지만 태자 씨의 마음 씀씀이는 매번 작은 감동을 주었다. 태자 씨의 집은 수도여고 동창들의 미국 센터와 같은 곳이라고 하는데, 어떤 친구는 한 달씩이나 머물기도 했다고 한다. 태자 씨 참 대단하시다.

그랜드 캐년으로 가는 길에 아코마 푸에불로에 들러보려고 했는데 시간이 없어서 곧바로 세도나로 향했다. 이 박사님으로부터 아코마 푸에블로에 얽힌 인디언들의 슬픈 이야기를 듣고 꼭 방문하고 싶었으나 여행 일정은 운전대를 잡은 아들 소관이었다.

세도나, 언제부터 그렇게 유명해졌는지는 모르지만 미국에서 기(氣)가 가장 세다는 곳으로 알려져 있다.

한국의 내로라하는 기공사들도 이곳에 와서 수련을 한다는 이야기를 들은 적이 있다. 일몰로 유명하다는 곳에 갔더니 많은 사람들이 운집해 있었다. 유감스럽게도 하늘에 구름이 없어서 반사 빛으로 산이 붉게 물드는 것을 볼 수는 없었다.

너도나도 셀카를 찍는데 어떤 외국인이 휴대폰을 절벽 아래로 떨어뜨리고 말았다. 이런 장면에서 한국인이 빠질 수는 없는 노릇이다. 한 젊은이가 절벽 난간 바로 아래에서 삐죽 나와 있는 나무에 셀폰은 걸쳐 놓으려고 아슬아슬한 시도를 하는데 차마 볼 수가 없었다. 한 마디 해줄까 하는 참에 다행히 스스로 포기했다.

라스베가스에서 총기 사고로 많은 사상자가 생겼다는 TV 뉴스를 보았다. 놀라서 춘택에게 전화를 했는데 연결이 잘 되지 않았다. 한참 지나서 걱정 말라는 문자 메시지가 와서 안도의 한숨을 쉬었다. 미국에는 이런 사건이 끊이질 않는데 도대체 속수무책인 것 같아서 안타깝다. 총으로 세워진 나라이기 때문에 총기 규제가 어렵다고 한다. 그렇다면 '칼로 일어선 자는 칼로 망한다.'는 예수님의 말씀을 한 번쯤 진지하게 되돌아보라고 말하고 싶다.

그랜드 캐년은 볼 때마다 신비스럽다는 느낌을 갖게 해 준다. 지각의 변동으로 생긴 것이라고는 하지만 인간이 자연에 대해 외경심을 갖도록 신이 특별히 빚어놓은 것이 아닐까 하는 생각도 해보았다. 하긴 인간이 자연에 대해 저지르는 온갖 종류의 폐해를 보면 이런 생각은 순진하고 부질없는 것일 게다.

며느리가 인터넷을 검색해서 예약한 특별한 곳, 엘토바(Eltovar) 호텔의 식당에 갔다. 예약을 했는데도 한참 기다려야 했다. 이 호텔에 숙박하려면 2년 전에 예약을 해야 한다고 한다. 음식은 양이 많은 대신 맛은 기대에 미치지 못했다.

그랜드 캐년에서 라스베가스까지 가는 길 주변에는 볼거리가 많은데 두 군데만 들리기로 했다. 앤틸로프 캐년은 정말 신비스러웠다. 관광객이 너무 많아서 한 시간 이상을 땡볕에서 기다려야 했지만 기다린 보람이 있었다.

척추관 분리증 때문에 오래 서 있지 못하는데 저만치에 있던 나이 지긋한 가이드가 고맙게도 의자를 갖다 줘서 편하게 기다릴 수 있었다.

공수부대 출신으로 한국에서 근무한 적이 있다고 자신을 소개한 이

가이드는 동양인 관광객들 속에서도 우리 일행이 한국인인 것을 금방 알아챘던 것 같다.

이 캐년은 어떤 인디언 할머니의 개인 소유라는데 인디언 가이드들의 안내를 받으며 지하로 들어가 둘러보았다. 마치 캐년 전체를 예리한 조각칼로 다듬어 놓은 것 같았다. 여기야말로 신이 놀러왔다가 심심해서 만들어 놓고 간 작품이 아닌가 하는 생각이 들 정도였다. 사진작가들에게 인기가 많은 곳이라고 한다.

캐넙이라는 아주 작은 도시에 있는 작은 호텔에 들었는데 방도 좋았지만 호텔 식당의 중국음식은 너무 훌륭해서 뜻밖이었다. 이튿날 자이언 국립공원으로 갔다. 그랜드 캐년이 위에서 아래로 내려다보는 절경이라면 자이언 캐년은 아래에서 위로 올려다보는 절경이다.

그런데 여행이 일주일째 되다 보니 다들 힘이 들어 피곤해 보였다. 특히 아들은 계속 혼자 운전을 하고 며느리는 옆에서 내비게이션 역할을 하며 시부모를 모시고 다니니 꽤나 힘들었을 것이다. 이날은 일찍 호텔에 가서 쉬었다.

10월 6일 오전에 라스베가스 외곽에 있는 전춘택 박사 집에 도착했다. 전 박사와 그의 처 문영신 여사가 우리를 반갑게 맞아주었다. 집이 엄청 컸는데 그래도 그 동네에서는 작은 축에 속한다고 했다. 둘이서 조용히 평화롭게 살고 있는데 한 무리가 들이닥친 것이다.

아들 내외는 함께 점심을 먹은 후 호텔로 갔다. 춘택 부부는 이날부터 10월 8일 자정 비행기로 떠날 때까지 내내 우리를 재워주고 먹여주고 구경시켜주고 했다. 아무리 친구지간이라도 너무 폐를 끼친 게 아닌가 싫었다.

그런데 사실 이번이 처음은 아니었다. 그가 프로비던스와 디트로이트에 살 때도 가서 개긴 적이 있었다. 내가 바다가제를 처음 먹어본 것도 전 박사의 집에서였다.

춘택은 고등학교 1학년 때 나의 짝이었다. 그런데 사실상 그는 나의 첫 번째 친구나 다름없다. 나는 공무원이셨던 아버지를 따라다니며 전학을 밥 먹듯 했다. 중학교만 해도 시골에서 네 군데나 다녔다. 그러니 친구가 있을 리 없었다. 지극히 내성적인 데다 타교 출신이어서 모든 게 서먹서먹했는데 본교 출신인 춘택은 텃새도 부리지 않고 다정하게 대해 주어 친해졌다.

그때부터 이미 그에게는 장자(長者)의 풍모가 있었다. 그는 GM의 부사장과 자회사 델파이 아시아-호주 사장을 근 10년 하다가 은퇴했다. 라스베가스에 정착한 이유는 따뜻하고 건조한 날씨 때문이라고 했다. 이 친구 요즈음은 스페인어를 배우고 있다는데 참 대단한 열정이다. 그런 높은 자리에 오른 게 다 이유가 있는 법이다.

문 여사는 소규모 자선단체를 이끌며 매년 한국을 방문해서 좋은 일을 하고 있었다. 한국 사람들 모이면 대체로 한 번쯤은 한국 정세에 관한 이야기를 하게 마련이다.

문 여사는 그 나이 또래의 여느 한국 여자들과 달리 합리적이고 예리한 정치 감각을 갖고 있었다. 우리나라 국회에는 문 여사 같은 사람이 필요한 게 아닌가 하는 생각을 잠시 해 보았다.

라스베가스 인근에 있는 후버 댐을 보고 그 규모에 그저 감탄할 수밖에 없었다. 미국이 1930년대에 이미 이런 댐을 건설할 능력을 보유하고 있었다는 사실이 놀랍기만 했다.

라스베가스는 한 마디로 굉장한 도시다. '죄악의 도시(Sin City)'라는 별명이 붙어 있고 방문객들의 지갑을 가볍게 하지만 각종 조형물이나 쇼는 경이로움 그 자체다.

이 도시는 여러 가지 방법으로 방문객들이 일종의 카타르시스를 경험하도록 해주는 것 같았다. 그게 아니라면 이 도시의 존재 이유를 무엇으로 설명할 수 있을까?

이번 여행은 아마도 나의 마지막 미국 방문이 될 것 같다. 체력도 문제지만 이제 고마운 사람들은 먼발치에서 애틋한 기억으로 간직하는 것이 보다 좋을 듯싶다. 그런 점에서 이번 여행은 오랫동안 내게 특별한 사건으로 남아 있을 것이다.

버밀리언에서 보낸 1년

1971년 8월 말 사우스다코타대학(University of South Dakota)에 가기 위해 로스앤젤레스에서 비행기를 탔다. 두 번 갈아타며 오마하(Omaha)를 거쳐 아이오와 주 서북쪽 끝자락에 위치한 작은 도시 수시티(Sioux City) 공항에 내렸다. 내린 승객은 불과 대여섯 명 정도였다.

공항은 아주 작았고 사람도 보이지 않았다. 시내로 가서 버밀리언 가는 버스를 타야 하는데 어찌 할까. 젊은 사내가 공항 대합실에서 서성거리는 것이 보였다. 같은 비행기를 타고 온 사람 같아서 일단 말을 붙여 보기로 했다.

"형씨, 말 좀 물읍시다. 수시티 시내로 가는 택시 어디서 탑니까."

"……."

"버밀리언을 가야 하는데……."

"아, 버밀리언요? 나도 거기 가는데, 혹시 학생?"

"그렇습니다. 초행이라……."

"그럼 날 따라 오세요."

수시티 시내에 있는 정거장에 가서 두 시간을 기다린 끝에 버스를 탈 수 있었다. 비행기, 버스를 갈아타는 모든 과정이 내게는 새로운 경험의 연속이었다. 동시에 곧 다가올 낯선 환경에 대한 막연한 불안감이 마음 한 구석을 짓눌렀다.

영어에 대한 공포심은 시간이 가면서 커졌지만 그때까지는 그럭저력 버텨냈다. 사람들이 인내심을 갖고 들어주는 편이어서 간단한 의사소통에는 큰 문제가 없었다. 그러나 강의실에서는 분명 다를 것이라는 걱정이 뇌리를 떠나지 않았다.

버스에서 내다본 바깥 풍경은 온통 끝없이 펼쳐진 밀, 옥수수 밭뿐이었다. 저녁 무렵 버밀리언에 도착했는데 불과 몇 천 명 남짓한 도시에 승객을 기다리는 택시가 있을 리 없었다.

"형씨, 고맙수."

"천만에. 그럼 살펴 가입시다."

바퀴도 없는 무거운 가방을 질질 끌다시피 해서 학교 기숙사에 도착해 보니 안내 데스크에는 학생들이 있었고 매우 친절했다. 긴 여행 탓에 피곤이 몰려왔지만 배가 고팠다. 나가서 둘러보니 아무 것도 없었다. 멀리까지 가볼 수도 있겠지만 길을 잃을지도 모른다는 두려움에 포기했다. 안내 학생의 말로는 일요일 저녁에는 거의 모든 식당이 문을 닫는다는 것이었다. 비행기에서 제공한 햄버거를 그냥 두고 내린 것이 후회막급이었지만 저녁은 굶는 수밖에 달리 도리가 없었다.

나는 사우스다코타대학이 어떤 대학인지 알고 지원한 것은 아니었다. 그저 번잡한 곳은 피하고 싶었다. 사우스다코타대학은 전교생 수가 7천 명 미만이었고 버밀리언은 그야말로 허허벌판에 자리한 소도시라 한국 사람은 물론 외국인도 별로 없었다. 내 예상이 맞았는지 정치학과에 교수님 한 분, 그리고 유학생이 한 사람 있었다.

기숙사 룸메이트는 대학에서 키가 제일 큰 거인이었다. 4학년 마지막 학기를 남겨 두고 있어서 그런지는 몰라도 매일 술을 퍼마시고 늦게 들어왔다. 코를 얼마나 심하게 고는지 잠을 잘 수가 없었다. 나이는 나보다 서너 살이나 적었지만 넉넉한 몸매에 수염까지 달고 있으니 영락 없는 아저씨였다. 새파랗게 어린 녀석이 콧수염은 물론 풍성한 턱수염까지 하고 있어서 처음에는 도무지 나이를 가늠할 수 없었다. 보기에 따라서는 사십대로 오해받을 만한 풍모였다. 얼핏 서부극에 나오는 남부의 목장 주인 같은 인상을 풍겼다.

룸메이트가 외국인이니 최소한의 '호구조사'라도 하지 않을까 생각했는데 단문단답 몇 개가 고작이었다. 처음 만난 날의 대화다.

"어디서 왔어?"

"한국."

"한국이 어디야?"

"중국하고 일본 사이에 있지."

"중국말 쓰나?"

"아니, 한국말 쓰지."

"아무래도 네가 위쪽 침대를 써야겠어."

"좋으실 대로."

이것이 나와 룸메이트가 한 학기 동안 나눈 대화의 전부라고 해도 과언이 아니다. 잠잘 때를 제외하고는 마주칠 일이 별로 없었다. 얼마 지나지 않아 룸메이트 어머니의 전화를 받았다. 영어가 서투르니 전화벨이 울리면 깜짝깜짝 놀라곤 했다. 가급적 받지 않으려고 했지만 벨소리가 계속 울려대면 어쩔 수 없었다.

학생들 전화는 우물쭈물 모른다고 대답하고 적당히 끊었다. 메시지를 받았다가 실수라도 할까 봐 신경이 쓰였기 때문이다. 그러나 어머니에게서 오는 전화는 그렇게 할 수 없었다. 여러 번 전화가 왔는데 매번 룸메이트가 방에 없어서 나하고 통화를 했다. 내가 대역이 된 셈이었다. 덩치만 컸지 어린 아이나 다름없는 아들을 멀리 보내 놓고 노심초사하는 어머니는 걱정스러운 목소리로 이런저런 이야기를 했다.

"더그(Doug) 바꾸어 주세요."

"도그요?"

"아니, 더그."

"아. 더글라스(Douglas)요, 없는데요."

"이 밤에 우리 아기가 어딜 간 거야. 술 마시러 간 건 아니겠지. 요즈음 교통사고가 많아졌다는데……."

"네."

"엄마 아빠가 걱정하고 있는지 알기나 하나."

"네."

"걔가 덩치만 컸지 아직 아기인데."

"네."

"들어오면 꼭 좀 전화하라고 타일러줘요."

"네."

"우리 아기 목소리를 들어야 하는데……."

"네."

서울에 계신 부모님 생각이 났다.

부모의 자식 걱정은 미국이나 한국이나 매한가지이다. 첫 학기에 규정에 따라 3과목 9학점을 신청했지만 강의를 듣는 것은 전혀 다른 문제였다. 기관총소리 같이 빠른 키서(Robert Kiesau) 교수의 고대철학 강의는 마치 이국적인 음악 소리를 듣고 있는 것 같았다. 철학사에 관한 예비지식도 없는 데다 동부 사람 특유의 빠른 목소리를 들어보려고 온 신경을 집중하다 보면 금방 피곤해져서 눈이 감기곤 했다.

기숙사에 돌아와서 책을 펴놓고 씨름해 보지만 도무지 진척이 없었다. 공부란 것이 뭘 알아야 재미도 있고 할 맛도 나는 법인데 아는 것이 너무 없었다. 학기 내내 고군분투했지만 결국 두 과목은 불완전 이수(Incomplete)를 받고 말았다.

그런데 고대철학 수업 시간에 내 눈을 의심케 하는 광경이 벌어졌다. 어떤 학생이 커다란 개를 데리고 들어와서 강의를 듣는데 교수는 전혀 개의치 않았다. 개는 신기하게도 강의 내내 주인 옆에 조용히 앉아 있었다. 1960년대 말부터 시작된 학생운동의 여파인지 알 수는 없었으나 아무튼 내게는 대단히 충격적인 사건이었다.

세 과목 중에서 그래도 논리학 개론은 대충 따라갈 수 있을 것 같아서 다소 위안이 되었지만 시험을 네 번이나 보는 과목이어서 부담스러웠다. 첫 시험이었던 오류 문제 풀이에서 완전히 죽 쑤고 말았는데 오류를 이해하지 못해서가 아니고 영어가 문제였다. 기숙사에 돌아와 침대에 누워서 천장을 바라보고 있으니 한심한 생각이 들었다.

싹수가 보이지 않는다면 빨리 보따리를 싸서 고향으로 귀환하는 것도 좋을 듯싶었다. 아직 20대 중반밖에 되지 않으니 새 출발이랄 것도 없지 않은가. 오만 잡생각이 다 들었지만 떠나지도 못하고 그냥 시계불알 모양 강의실과 기숙사를 오가는 생활을 이어갔다. 논리학개론 세 번째 시험은 기호논리에 관한 것이었는데 전혀 어렵지 않았다. 눈치를 보니 미국 학생들은 이 부분을 제일 힘들어 하는 것 같았다. 강의가 끝난 후 스톤(Robert Stone) 교수가 다가와 엄지손가락을 내보이며 내가 최고점을 받았다고 했다.

“정, 네가 제일 좋은 점수를 받았어. 처음 두 번 시험보고 나는 네가 불가능이라고 생각했는데 이제 스스로를 증명했네.”

“네.”

“앞으로 남은 시험도 열심히 하면 될 거야.”

“네.”

“정, 질문 있으면 주저하지 말고 찾아오게.”

“네.”

스킨(Nancy Skeen) 교수의 사회정치 철학에서는 루소의 『사회계약론』, 랜드(Ayn Rand)의 『이기심의 미덕(The Virtue of Selfishness)』, 그리고 홉스의 『리바이어턴』을 교재로 사용했다. 일정 분량을 읽고 와서 토론하는 방식으로 진행되었는데 뭐가 뭔지 도통 알아들을 수가 없으니 답답했다.

특히 랜드는 전혀 들어 보지 못한 낯선 이름이었다. 철학사에도 등장하지 않는 생소한 인물이라서 무슨 말이 오가는지 이해할 수 없었다. 40년이 지난 후 랜드가 현대 미국의 소설가이자 철학자라는 것을 알게 되었다. 그녀는 ‘지구에서의 삶을 위한 철학’이라는 것을 자신의 상표로 삼았던 철학자다.

그간 전 교수님 댁에서 여러 번 초대를 해주셨다. 한 번 갈 때마다 너무 많이 먹어서 소화불량에 걸리곤 했다. 가끔 전 교수님과 학교에서

탁구를 치기도 했는데 미국 학생들이 둘러서서 신기한 듯 구경을 했다. 언론학과에 다니던 한국 학생은 학교에서 태권도를 가르쳤다. 키는 작았지만 다부지게 생긴 사람이었다. 오하이오로 학교를 옮겨가서 나중에 은행에 취직했다는 이야기를 얼핏 들은 것 같다.

일주일에 20끼 먹을 수 있는 식권을 구입해서 카페테리아에서 끼니를 해결했는데 미국이 물자가 풍부하고 인심이 좋은 나라라는 것을 매번 실감했다. 줄을 서서 들어가 그날의 주 요리(main dish)를 받는데 일하는 사람들이 거의가 나이 많은 아주머니들이었다. 어떤 아주머니는 편치 않은 눈으로 나를 흘끔흘끔 째려보기도 했다.

외국인을 접해 본 경험이 없어서 그런 건지, 아니면 인종적 편견 때문이었는지 몰라도 기분이 썩 좋지는 않았다. 외국인은커녕 흑인도 별로 겪어 보지 못한 촌놈들이 분명할 테니 딱히 외국인 혐오증이라기보다는 낯선 이방인에 대한 본능적 경계심이었을 것이다.

우리나라 시골 사람들이 취업차 한국에 온 동남아인들을 처음 봤을 때 아마도 비슷한 느낌을 가졌을 것 같다. 식당에서는 우유를 포함해서 각종 음료를 무제한으로 마실 수 있었다. 같이 밥을 먹을 사람이 없어서 미국 학생들 곁눈질해가며 따라 했다.

이들은 식사를 하면서 우유 두 컵 정도를 마셨다. 나도 똑같이 우유 두 컵을 마셨다. 식사가 부족하다 싶으면 접시를 들고 배식하는 곳으로 다시 가서 두 번째 요리(second dish)를 받아왔다.

어떤 날은 두 번째 요리가 더 좋았다. 아무튼 음식 인심은 더할 나위 없이 후했다. 그런데 문제가 생겼다. 밥을 먹고 나면 복통과 함께 배에서 전쟁이 났다. 하루에도 몇 번씩이나 화장실을 들락날락했다. 영문도 모른 채 한동안 고생을 했다. 한참 후에서야 나는 우유를 소화시킬 수 없는 체질이라는 것을 알았다.

동양인의 70%가 우유를 소화시키는 효소가 체내에서 분비되지 않는다고 한다. 미국 오기 전까지 우유를 먹어본 적이 없으니 그런 사실을 알 수 없었던 것이다. 이 무렵 위궤양 증상이 나를 괴롭혔다. 학교 병원에서 처방해주는 앰포젤이라는 약은 마치 석회가루 비슷했다. 어려서부터 소화기능이 약했지만 이렇게 악화된 적은 없었다. 아마도 공부 스트레스가 주된 원인이었던 것 같았다.

기숙사 옆방에는 형제가 함께 있었는데 아주 재미있는 친구들이었다. 나하고 대화를 할 때면 내 말을 서로 보충하기도 하고 나름대로 번역해 가며 들었다.

동생은 주(週) 15식 식권을, 형은 주 10식 식권을 구입했다. 저녁 때 동생이 식당에 먼저 들어가 식사를 대충 끝내면 형이 출구로 슬쩍 들어가 동생의 접시로 두 번째 요리를 받아서 먹는다고 자랑했다.

그러고 보니 식당 출구를 지키는 사람이 없었다.

학교 당국이 이런 사실을 눈치 챘는지 그 다음 학기에는 출구에 한 사람이 지켜 앉아 있었다.

기숙사에 입사한 지 얼마 되지 않은 어느 날 밤 갑자기 밖에서 소란스러운 소리가 들렸다. 문을 열고 보니 한 젊은 친구가 바구니를 어깨에 메고 '핫덕, 햄버거'라고 외치며 돌아다녔다. 저녁을 6시에 먹고 나면 금방 배가 고파지는 한창 때였으니 9시쯤 되면 무엇인가 먹거리를 찾게 마련이다. 학생들이 하나둘 방에서 나와 햄버거나 핫도그를 사는 것이 보였다. 나도 한두 번 사먹었는데 따끈따끈한 것이 맛이 있었다.

크리스마스에 스톤 교수의 집에 가서 처음으로 칠면조 고기를 먹어 보았다. 외국학생이라고는 나 한 사람뿐이라서 측은해 보이기도 했을 것이다. 내게 껍질 부위를 자꾸 줘서 내심 기분이 좋지 않았다. 그러나 나중에 껍질 쪽이 제일 맛있는 부위라는 것을 알았다.

철학과의 다른 두 교수도 자리를 함께 했는데 그날 대학 미식축구 1, 2위 간의 경기가 중계되는 날이었다. 내게는 생소한 경기여서 재미가 없었다. 철학 교수들은 운동경기 같은 것에 관심이 없는 줄 알았는데 그렇지만은 않은 것 같았다.

워낙 한적한 소도시라 길거리에 다니는 사람들은 드물었지만 스쳐 지나기라도 하면 꼭 가벼운 인사를 건네곤 했다. 문화의 차이라고 할까, 처음에는 어색하기만 했다.

시골이라서 그런지, 아니면 이곳 사람들이 원래 선해서 그런지는 몰라도 자동차나 현관문도 잠그지 않고 사는 것 같았다. 고물 자전거를 타고 다녔는데 너무 후진 구닥다리라서 아예 잠가 놓지 않았다.

9월에 시작된 학기가 10월을 넘기면서 저녁에는 제법 쌀쌀해졌다. 12월이 되자 눈이 오는 날이 많아졌다. 모두들 장화를 신고 다녔다. 나도 재활용 가게에 가서 장화를 구입했다. 겨울 추위는 정말 대단했다. 바깥에 나가 숨을 쉬면 코 안이 얼어붙는다는 느낌을 받았다.

1월 중순 우연한 기회에 일자리를 얻었다.

버밀리언에서 25마일 떨어진 얀크톤(Yankton)의 주립정신병원에서 밤 11시부터 아침 7시까지 밤 근무를 하는 잡역부(orderly) 자리였다. 시간당 최저임금인 $1.80을 받고 아침은 그곳 카페테리아에서 먹는 조건이었다.

밤새 병동에 있으면서 환자들을 감시하거나 도와주는 일을 했다. 환자들은 대부분 밤에 잠을 자기 때문에 할 일이 거의 없었다. 아침에 일부 환자들 옷을 입히거나 침대 시트를 가는 정도가 고작이었다.

그래서 밤 근무는 학생들에게 인기가 있었다. 내가 근무한 병동은 비교적 경증 환자들이 수용되어 있었다. 대신에 오래된 환자들이 많았다. 어떤 환자는 거의 평생을 그곳에서 보내고 있었다.

커다란 방에 침대가 20개 있고 한 구석에 사무실이 있었다. 둘이서 근무를 했는데 나의 파트너는 60살쯤 되는 남자였다. 이 사람은 12시만 되면 잠을 잤다. 호랑이 간호사가 순회 점검을 하기 때문에 발소리가 들리면 즉시 깨워달라고 했다.

이 간호사는 잡역부들을 무슨 졸병 다루듯 했다. 한참 지나서 병원의 내부 사정을 듣고 왜 이 여자가 기세등등한지 알게 되었다. 재정이 열악하다 보니 의료진을 거의 미국 의사 면허증이 없는 값싼 외국인 의사들로 채우고 있었다. 한국 의사도 한 분 계셨다. 그래서 간호사가 대놓고 이들을 무시한다는 것이었다.

간호사만 사라지면 이 사람은 다시 코를 골며 잠을 잤다. 나는 이 노인네가 환자 다루는 것을 보면서 입원 치료를 받아야 할 정신병자는 바로 이 자라고 생각했다. 이 노인네는 가끔 나를 '보이(boy)'라고 불렀다. '보이'는 예전에 백인이 니그로를 부를 때 사용하던 말이다. 이 미친놈이 나를 니그로 취급하나 하고 기분이 아주 더러웠지만 말이 딸리니 참는 수밖에 없었다.

나는 차를 얻어 타고 다녔는데 편도에 25센트를 냈다. 어차피 가는 길이니까 그냥 태워줄 만도 할 텐데 어림도 없었다. 미국 학생들은 계산이 철저했다. 매번 책을 가지고 가서 공부를 하려고 했지만 별 효과는 없었다. 아침을 먹고 학교로 돌아오면 8시가 되었다. 그때부터 잠을 청해서 오후 1시까지 잤다.

다행히 강의는 전부 오후에 있었다. 그동안 학교에 큰 변화가 생겼다. 주(州) 교육위원회에서 주립대학들의 대학원 학위 과정을 대폭 줄이는 결정을 내린 것이다. 주민들의 세금으로 운영되는 주립대학에서 석사나 박사학위를 받으면 주를 위해 일하는 것이 아니라 대부분 떠나버리니 더 이상 세금을 낭비할 필요가 없다는 논리였다.

이런 경우 철학과는 언제나 우선순위에서 제일 앞에 서게 마련이다. 당연히 철학과의 석사학위 과정이 날아갔다. 나는 이곳에서 얼쩡거리고 있을 수 없다고 생각하며 대학을 옮길 궁리를 했다.

둘째 학기에 새로 옮긴 기숙사에서 라면을 끓여 먹은 적이 있었다. 집에서 보내준 라면이 먹고 싶었으나 마땅히 먹을 방법이 없었다. 중고품 가게에 가서 전기 곤로를 샀다. 냄새가 번질 것이 걱정되어 낮 시간 학생들이 없을 때 잽싸게 끓여 먹었다. 이튿날 옆방에 들어 있는 게슈타포 인상의 학생이 손가락질을 하며 말했다.

"어이 중국 놈(china man)."

"………."

"너 방에서 차오메인 해 먹었지?"

"………."

"퀴퀴한 냄새가 진동하더라."

"(그래 해 먹었다, 어쩔래? 게슈타포야.)"

"그거 기숙사 규정 위반이야. 알아?"

"(너 개 코냐. 빠다 냄새 나는 코쟁이 놈아.)"

한 바탕 붙을 수도 있었지만, 그래 봐야 영어가 딸리니 달리 뾰족한 수가 없었다. 결국 슬그머니 꽁무니를 빼고 말았다.

얼마 후 이 녀석이 보이지 않아서 물어 보니 다른 동으로 옮겨 갔다고 했다. 속으로 너 잘났다고 했지만 왠지 기분은 썩 좋지 않았다.

나의 새 룸메이트 레스(Leslie Boer)는 나를 "형님(big brother)"이라고 부르며 격의 없이 대해 주었다. 어느 일요일 날 레스의 차를 타고 두 시간 거리에 있는 그의 집을 방문했다. 예고도 없이 갔는데 그의 아버지가 저 멀리서 밭을 갈고 있는 것이 보였다. 레스는 그의 아버지가 300에이커의 농사를 혼자 짓는다고 했다. 그 크기가 얼마나 넓은지 가늠이 되지 않았다. 아마 잠시도 쉴 틈이 없을 것이다. 햇볕에 탄 얼굴, 거친 손마디는 물론이고 시골 사람 특유의 억양까지 얼핏 보기에도 전형적인 농사꾼이었다. 초면이었지만 그는 말에 거침이 없었다.

"한국서 왔다고? 내 아는 사람 중에 한국전쟁에 참전했던 사람이 있어. 말도 못 하게 추웠다고 하던데?"

"네. 여기가 더 추워요."

"그래, 레스 룸메이트라니 반갑네."

"네."

"난 12살부터 농사일을 했지. 초등학교 5학년이 내 학력의 전부야. 먹고 살기 위해서 일찌감치 일을 해야 했다네."

"네에."

"삼백 에이커 밭에 밀이랑 옥수수를 주로 심지. 올해는 작황이 좋을 것 같아."

"그렇군요."

"우리 애들한테는 농사일 안 시킬 거야."

"아, 네."

"내가 가방끈이 짧아서 땅에 묶여 살았지만 레스는 더 큰 세상으로 나가야지."

"네."

집에 도착하니 마음씨 좋아 보이는 레스의 어머니가 우리를 반갑게 맞아주었다. 아들이 한참 만에 왔으니 얼마나 좋았을까. 아직 11시도 되지 않았으나 레스의 어머니는 우리를 식탁으로 이끌었다. 스크램블 에그와 베이컨을 내놓는데 그 양이 너무 많아서 질릴 정도였다.

농사꾼은 미국이나 한국이나 많이 먹는다. 에너지를 충분히 공급해 주지 않으면 일을 할 수 없다. 미국 농사꾼들은 아침부터 스테이크를 먹는다고 한다. 예전에 우리나라 농부들은 새참을 먹었는데 미국 농부들도 한창 일을 할 때는 새벽에 한 끼를 더 먹고 일하러 나간다고 했다. 초등학교에 다니는 레스의 동생이 나를 신기한 듯 쳐다보았다.

외국인을 처음 본다는 것이었다. 월요일에 학교에 가면 친구들에게 이야기하겠다고 했다. 아마 모르긴 해도 이 친구는 흑인도 본 적이 없을 것이다. 버밀리언은 대학 도시여서 그래도 흑인들이 간혹 눈에 띄지만 시골구석으로 가면 전혀 없는 것 같았다.

여름 방학이 되자 나는 학교에 운전 강습 신청을 했다. 학교 자동차로 거저 배울 수 있었다. 아르바이트 하는 학생이 가르쳤는데 내가 운동신경이 둔해서 수동식 운전이 꽤나 어려웠다. 그러던 차에 철학과 친구인 짐(James Devaney)이 자신의 지프차로 가르쳐 주겠다고 했다. 자동식이어서 몇 번 해보니 할만 했다.

내친 김에 큰 길로 나갔다. 잘 가고 있는데 저 앞에 진입 금지 표시가 보이고 옆으로 빠져 나가는 곡선 도로가 보였다. 옆으로 빠져 나오려면 브레이크를 밟아 속도를 줄여야 하는데 그만 엑셀레이터를 밟고 말았다. 어~어~어~ 하는 사이 차가 360도 한 바퀴 굴렀다.

정신을 차리고 보니 짐은 밖으로 튕겨져 나갔고 나는 운전석에 그대로 있었다. 불행 중 다행인지 짐은 말짱했고 나는 어깨에 약간의 찰과상만 입었다. 바로 근처에서 이 사고를 목격한 주 방위군 소속 장교가 기적이라고 했다. 차가 워낙 튼튼해서 살아남은 것이었다.

견적이 $1,100나 나왔는데 보험으로 처리되지 않는 $100만 내가 부담했다. 1972년도였으니 그 액수를 현재로 환산하면 아마 열 배 이상일 것이다. 짐에게 너무 미안해서 어쩔 줄을 몰라 했는데 그는 오히려 나보고 신경 쓰지 말라고 했다. 잠깐의 인연이었지만 나는 이후 한 번도 짐을 잊은 적이 없다.

그렇게 여름이 지나가며 버밀리언에 온 지 1년이 되어 떠날 때가 되었다. 오클라호마대학이 있는 노만으로 가는 버스에 오르며 뒤를 돌아보았다.

버밀리언, 참 정겹고 소박했던 곳이었다.

제6장

느끼며 생각하며

삶과 죽음

"인간이 만물의 영장이라고? 이제 그런 헛소리는 집어치우게."

"아니 그럼 인간이 뭐란 말인가. 인간이 다른 짐승들과 똑같은 존재인가? 하나님이 인간을 이 세상에 내려보낼 때 특별한 사명을 주시지 않았던가."

"이보게. 외계인이 지구를 들락날락하고 있는 판에 무슨 '특별 사명' 인가."

"설은 분분하지만 객관적인 증거가 없지 않나."

"세상의 모든 정보를 쥐고 있는 사람이 누구인가. 미국 대통령이지. 그 사람도 인정했는데."

"인간이 특별한 존재가 아니라면 지금까지 인간이 이룩해 온 것은 뭐지."

"뭘 했는데?"

이 무한한 우주에서 인간만이 하나님의 선택을 받은 유일한 존재라고 주장하는 것은 그야말로 오만한 발상이다.

태어나고 죽는 운명은 다 같은데 인간이 특별한 지위를 누려야 할 이유가 있을까. 존재하는 모든 것들이 다 같이 불완전한 피조물에 불과한데 인간은 이 세상이 자신들을 위해 존재한다고 착각한다.

더 나아가 이 세상에는 인간을 위해 사물들을 정돈시키고 모든 것을 마련해주는 어떤 주재자가 있다고 믿는다.

그래서 인간은 단지 그 주재자, 즉 하나님에게만 봉사하면 된다는 것이다. 그러면 하나님이 인간을 위해 모든 것들을 적절하게 조절하거나 통제해 준다. 그러나 인간만이 그런 후원자를 갖고 있다고 어떻게 확신할 수 있는가?

몽테뉴는 거위의 예를 들어 인간중심적 사유의 어리석음과 오만함을 풍자한다. 거위가 다음과 같이 생각하지 않으리라고 누가 보증할 수 있는가.

"이 우주의 모든 것들은 나를 위해 봉사한다. 대지는 내가 걷도록 받혀주고, 태양은 나에게 빛을 보내주고, 별들도 또한 내게 영향을 끼친다. 바람과 불, 그리고 하늘 아래 모든 것이 나에게 이롭고 호의적이다. 나는 자연의 총아다. 인간은 나를 보호하고 재워주고 봉사하지 않는가?"

짐승의 왕이라 일컬어지는 사자는 한 술 더 떠서 다음과 같이 생각할는지도 모른다.

"나의 이 갈기를 보라. 얼마나 위풍당당한가. 인간들은 나의 장엄한 모습을 보고 온갖 찬사를 늘어놓는다. 이 세상의 모든 짐승들은 나를 먼발치에서 보기만 해도 두려움에 떤다. 그들의 목숨은 내 손 안에 있다. 나는 이 세상의 황제다."

이에 질세라 독수리도 한 말씀하신다.

"나는 하늘에서 모든 것을 내려다보고 있다. 이 세상에서 벌어지는 일들은 내 눈을 벗어날 수 없다. 인간은 허약하고 비겁하기 짝이 없다. 그들은 맨몸으로는 단 하루도 살 수 없기 때문에 천조가리로 몸을 가리고 그것도 모자라서 집이라는 토굴에 숨어 지낸다. 또한 제 힘으로는 먹이를 구할 수 없기 때문에 총이나 덫과 같은 비겁한 수단을 동원하여 우리 형제들을 사냥한다. 그들은 사소한 이익 때문에 동족도 서슴없이 해치는 사악한 존재다.”

맞다. 인간은 니체의 말대로 이 지구상에 기생하는 질병에 불과하다. 그들은 어머니 대지의 적선으로 근근이 연명하는 초라하고 비극적인 존재다. 그럼에도 불구하고 인간은 자신이 우주의 중심이라는 착각의 자만 속에 빠져 있다.

정말 그럴까? 그렇지는 않은 것으로 보인다. 물론 인간은 우주의 중심이 아니다. 그는 거위나 사자와 달리 자신이 우주의 중심이 아니라는 것을 안다. 더욱이 그는 이 광활한 우주에서 자신이 티끌만도 못한 존재라는 것을 안다.

인간은 한없이 작은 존재이지만 우주에서의 자신의 위치를 생각한다. 그는 스스로를 어떻게 자리매김하는가에 따라서 얼마든지 우주의 장엄함을 공유할 수 있는 존재다.

자유의지와 도덕법칙은 착각 속에 있는 거위나 창공을 나는 독수리에게는 없다. 그러나 인간이 저녁상에 곧 올리게 될 운명도 모르고 자만하는 거위의 어리석음을 비웃는다면 그는 거위와 다를 바 없는 하찮은 미물에 지나지 않는다. 겸손과 경외심으로 하늘을 바라볼 때, 인간은 비로소 우주와 교감하는 의미 있는 존재로 거듭나게 된다.

인간을 만물의 영장으로 보건 지구상의 질병으로 보건 한 가지 분명한 사실은 모두가 새로운 생명의 탄생을 축복으로 여긴다는 사실이다. 탄생이 축복이라면 그는 이미 의미 있는 존재가 아닌가.

탄생의 순간부터 그는 의미 있는 존재가 되기 위한 길고 험한 여정을 시작하는 것이 아닌가.

그럼에도 불구하고 죽음이 삶을 무(無)로 만드는 순간이 필연적으로 오게 되어 있다는 사실은 우리로 하여금 삶을 비관적으로 보도록 만든다. 죽음이 삶의 모든 것을 앗아가 버린다면 삶은 과연 무슨 의미가 있는가? 생로병사의 과정에서 벗어날 수 없다면 무엇 때문에 사는가?

삶을 지속해야 될 확실한 이유 단 한 가지만이라도 발견할 수 있다면 얼마나 좋을까. 그러면 나의 삶이 한 줌의 흙이 된 후에라도 "나는 후회 없는 삶을 살았다."고 이야기할 수 있을 것이다. 사람들은 종종 그 이유를 종교에서 찾으려고 한다.

불교의 가르침에 따르면 이 세상의 모든 것은 반드시 그럴 만한 이유가 있어서 생긴다. 태어남이 있기에 죽음이 있는 것처럼, 세상의 모든 것들은 모두 이것이 있기에 저것이 있고, 따라서 이것이 없어지면 저것도 없어진다. 모든 것은 덧없는 인연에 의하여 잠시 어떤 모습을 띠고 있는 것일 뿐이다. 즉 아무 것도 그 고유한 본성을 갖고 있지 않다.

내 몸을 보면 항상 젊고 건강하지도 않고 저기 서 있는 소나무가 항상 푸르고 싱싱한 것만도 아니다. 또한 슬픔이나 불행이 한없이 지속되지도 않는다.

이처럼 모든 것은 무상한데 헛되이 집착하는 데서 괴로움이 생긴다. 이 집착을 없애면 모든 고통이 사라진 깨달음의 경지에 이를 수 있다.

반면에 기독교는 삶의 의미를 신과의 만남에서 찾는다.

신은 삶의 모든 가치를 보유하고 있으며, 죽음에 의한 삶의 상실을 영원불멸로 보상해준다. 인간이 자신의 유한한 삶을 우주 창조라는 거대한 목적의 일부로서 인식하고 봉사할 때, 죽음은 삶의 정복이 아니라 오히려 영생의 시작이 된다.

이런 가르침이 열려 있음에도 불구하고 염세주의자들은 우리의 삶이 악이고 고통이라고 생각한다. 왜냐하면 어떤 철학자의 말대로 삶은 모든 사람이 모든 사람의 적인 전쟁 상태에 있기 때문이다.

사람들은 이런 상태에서 살아남아 원하는 바를 얻기 위해서 싸울 수밖에 없다. 이들에게는 맹목적으로 살려는 의지 이외에는 아무 것도 없다. 살려는 의지로 충만한 세계는 필연적으로 악의 세계로 전락한다. 왜냐하면 의지는 본질적으로 욕망이고, 욕망은 언제나 충족되지 못하기에 결국 자기 파괴적으로 될 수밖에 없기 때문이다.

욕망만이 존재하는 세상에서 욕망은 자기 자신 외에는 먹을거리가 없다. 삶이 이처럼 비극적이라면 인간은 염세적으로 될 수밖에 없다. 그래서 염세주의자들은 자살을 예찬하기도 한다. 이 풍진 세상 살아서 무엇 하랴. 인생 살아보니 별 것 아니더라. 왜 그렇게 아등바등 살았는지.

죽음은 우리가 주변에서 늘 접하고 있는 사건이다.

그럼에도 사람들은 어차피 한 번은 겪어야 할 죽음을 두려워한다. 오래 전 단골 식당의 주인아저씨가 지병으로 돌아가셨다. 장의사에서 마지막으로 고인에게 작별 인사를 하는 순서가 있었다. 관 뚜껑을 열어놓아 문상객들이 고인의 얼굴을 보도록 했다. 나는 이 아저씨의 잿빛 얼굴을 본 순간 받았던 섬뜩한 충격을 아직도 생생하게 기억하고 있다.

그때 나는 생전 처음 시체를 보았다. 이후 몇 개월 동안 악몽에 시달렸다. 내가 두려워했던 것이 죽음 자체였는지 아니면 그 아저씨의 귀신이었는지는 지금도 모른다. 십여 년이 지난 뒤 모스크바에서 레닌의 시신을 본 적이 있었다. 마치 살아 있는 사람 같았다. 밀랍으로 만든 가짜라서 그런지는 몰라도 무섭다는 느낌은 전혀 없었다. 이 차이는 무엇일까.

사실 죽음은 태어남과 더불어 늘 일어나고 있는 사건이라서 별스러울 것도 없다. 이처럼 일상화되어 있는데도 불구하고 죽음이 우리의 경험에 가깝게 들어올 때 새삼 슬픔과 두려움을 느낀다. 물론 죽는 사람에게 삶과 죽음은 순간적인 차이일 뿐이지만 살아있는 사람들에게는 마음대로 건널 수 없는 강의 양 편이다.

사람들은 죽음 자체가 고통스러워서가 아니고 죽음을 예상하는 고통 때문에 두려워한다. 그러나 죽음은 사실상 우리에게 아무 것도 아니다. 왜냐하면 우리가 존재하는 한 죽음은 우리와 함께 있지 않고, 또 죽음이 왔을 때 우리는 이미 존재하지 않을 것이기 때문이다.

죽음은 자연적 과정, 즉 살아있는 사람에게 아직 도래하지 않은 사건이고 죽은 사람에게는 이미 지나간 사건이다. 그렇다면 죽음은 선도 악도 아니고 단지 삶의 끝이고 한계일 뿐이다.

이처럼 죽음을 순수하게 생물학적 사건으로 받아들인다면 죽음은 자연의 수많은 사건 중 하나에 불과하다. 생명이 있는 모든 것들은 언젠가는 죽기 때문에 죽음이 특별한 의미를 가질 수는 없다.

반면에 플라톤과 같은 철학자는 죽음에 특별한 의미를 부여한다. 육체는 죽음으로 소멸하지만 영혼이 살아남는다면, 인간의 생물학적 죽음은 별 의미가 없다. 오히려 죽음은 영혼을 육체라는 감옥에서 해방시켜주는 계기를 만드는 축복이다.

"죽는 것이 두려운가."

"죽음이 두렵지 않은 사람이 어디 있을까."

"죽음이 하나님의 나라로 돌아가는 것이라면 기뻐해야지. 하루라도 빨리 하나님을 뵙고 싶지 않은가."

"하나님이 내게 생명을 주셨을 때 그건 그 생명을 소중히 보전하라는 뜻을 담고 있지. 나는 그냥 의미 없이 내던져진 피조물이 아닐세."

"그런 심오한 뜻이 있었구먼. 그런데 왜 그런 하나님이 우리에게 온갖 고통을 주시는 걸까. 이 세상에 존재하는 모든 끔찍한 악을 왜 거두어 가시지 않는가."

"원래 하나님이 아담과 이브를 에덴의 동산에서 살게 했을 때 악은 없었지. 뱀의 유혹에 넘어가 선악과를 따먹음으로 해서 죄악이 생겨났다네."

"하나님이 일을 복잡하게 만드셨구먼."

"아버지 하나님. 이 무지한 영혼을 용서하소서."

변화는 무엇인가

나는 애들을 통해 젊은 세대를 이해해 보려고 노력하는 편이지만 마음처럼 쉽게 되지는 않는다. 물론 내가 짧지 않은 세월을 살아오는 동안 굳어진 생활방식, 생각들이 있는데 그게 쉽게 바뀔 수 있을까?

오래 전 중학생이던 아들 녀석이 무슨 요란한 음악에 심취해서 "서태지가 어떻고~." 하는데, 내가 서태지를 '서돼지'로 잘못 알아듣고 아는 체했다가 그만 웃음거리가 된 적이 있었다.

20년 전쯤 딸아이가 고등학생이었을 때 학원이 끝나면 데리러 가곤 했다. 그런데 매번 뒷좌석에서 무슨 작은 소리가 들려서 처음에는 무심히 지나치다가 나중에 그것이 휴대폰으로 친구들에게 문자 메시지 보내는 것임을 알게 되었다. 차안이 어두웠는데도 불구하고 기막힐 정도의 속도로 글자를 만들어보내는 것이었다.

나는 강남 교보문고에 한 달에 한 번 꼴로 들른다. 간 김에 근처에 직장이 있는 아들과 함께 점심을 먹을 때도 있다. 아들과 헤어지고 혼자 주변을 걷다 보면 왠지 강남 거리가 낯설어 보인다. 어떤 때는 내가 서 있는 곳이 어느 외국의 도시 한 모퉁이 같다고 느낀 적도 있었다. 내가 너무 예민한 것인지 아니면 이제 촌사람 다 되어서 그런 것인지.

시골 노인네들 서울에 오면 어지럽다고 한다. 아직은 그럴 나이가 아닌데, 그리고 불과 십여 년 전까지만 해도 자주 오던 곳이 아닌가. 내가 정말 한참 뒤떨어진 퇴물이 되지 않았나 싶었다. 시골에서 텃밭이나

가꾸며 조용히 묻혀 지낸 지 십년이 넘으니 이제는 세상 돌아가는 데 둔감해졌는지도 모르겠다.

꽤 오래 전의 경험이다.

2003년 여름 베를린에 갔다가 아주 '이상한 경치'를 보았다. 동성애자들의 퍼레이드가 대규모로 벌어지는 생생한 현장을 보게 된 것이다. 그 규모가 너무 엄청나서 내 눈을 의심하지 않을 수 없었다. 길이가 긴 수백 대의 트레일러 위에서 소위 '퀴어'들이 춤추고 있었다.

처음에는 너무 민망하여 눈 둘 곳을 찾지 못했는데 나중에는 그저 동물원에 온 기분으로 이들을 보았다. 세상이 다양해지다 보니 별 희한한 인간들도 다 있구나 생각하고 있는데 독일인 친구의 말은 나를 한 번 더 놀라게 했다.

선출직 고위 공직자 중에도 동성애자가 다수 있고 이런 사실을 숨기지도 않는다는 것이었다. 네덜란드라면 혹 모를까 독일에서 이런 일이 벌어질 줄은 짐작도 못 했다. 세상이 이렇게 변했단 말인가? 나는 어느 시대 사람이란 말인가?

나는 유럽을 자주 방문했었다. 특히 독일은 거의 매년 방문하다시피 했는데도 이런 변화를 의식하지 못했다. 내가 만났던 사람들이 나이 많은 점잖은 사람들이고 방문했던 장소가 대부분 오래된 고적들이어서 아마도 변화를 느끼지 못한 것이 아니었는지.

하기야 그곳에 사는 나의 지인들은 아무도 이혼하지 않았고, 유럽의 도시들은 30년이 지나도 별로 달라지지 않았으니 그럴 만도 했다. 유럽에서는 우리나라처럼 몇 년 사이에 논밭이 시멘트로 범벅이 된 거대

공룡도시로 바뀌거나 갑자기 산허리가 잘려나가거나 하지 않는다. 외견상으로는 우리가 유럽과는 비교도 안 될 정도로 훨씬 빠르게 변하고 있는 것으로 보인다.

그러나 따지고 보면 변화는 언제나 우리 곁에 있었다.

1960년대 장발이나 짧은 치마를 국가적 차원에서 단속한 적이 있었다. 길거리에서 머리가 긴 사람을 잡아서 한 옆에 새끼줄을 친 '거리감옥'에 투옥해 놓는 망신을 주었다. 학교에서는 선생님들이 '바리캉'으로 머리 중앙에 도로를 내는 폭력을 아무렇지도 않게 저질렀다. 여학생의 치마 길이를 잰다고 치마를 들치거나 허벅지에 손을 대는 일도 허다했다. 오늘날 같으면 중차대한 성폭력에 해당하는 범죄 행위였지만 가해자들에게 죄의식 같은 것은 없었다.

그 시절 농사도 순전히 인력으로 지었다. 논 한 마지기에 겨우 쌀 두 가마 남짓 생산되었다. 현재 생산량의 절반에 불과하다. 농촌에 경운기가 보급되어 농사 혁명이라도 일어날 것 같았던 시기가 불과 3~40년 전의 일이다. 지금은 시골에서 경운기 구경하기가 힘들어졌다.

이 모든 것이 변화다. 전통 방식을 고수하려는 보수적인 세력은 언제나 변화를 두려워했다.

IMF 경제 위기 때도 기득권자들은 술잔을 부딪치며 "이대로!"라고 했다고 한다. 서양의 '날라리'풍이 행여나 기존의 질서라도 허물어 버리지 않을까 하는 조바심에 무자비한 폭력으로 젊은이들을 누르기도 했다. 그렇게 했지만 변화의 큰 물결 앞에서는 그저 해프닝에 불과했다. 변화는 인간이 사는 방식인데 어떻게 인위적으로 이를 막으랴.

베를린에서의 경험은 나로 하여금 변화에 대해서 진지하게 생각해 보도록 만들었다. 세상이 변하고 있는데 나만 뒤처져 있는 것이 아닐까 하는 조바심마저 들기도 했다. 그런데 사실상 주변의 이런 자그마한 변화를 넘어서 세상은 빠르게 그리고 엄청나게 변하고 있다.

변화가 너무 빠르고 파격적이어서 가까운 미래에 국한시키더라도 그것을 예측하는 일은 점점 더 어렵게 되었다. 문헌을 보면 이십세기 전까지만 해도 세상은 그렇게 빠른 변화를 경험하지 않았다는 것을 알 수 있다. 변화가 빨리 일어나지 않았기에 사람들은 오래된 관행, 제도에 의지하고 살았다.

그러나 이제는 그런 방식만을 고집하는 일이 어려워졌다. 내가 오늘 신뢰하고 의지하는 신념이 내일 바뀔 수 있다고 생각한다면 아무도 이를 고수하려고 하지 않을 것이다.

사회 전반에 걸쳐서 일어나고 있는 이런 현상의 와중에서 우리는 스스로를 순간순간에 맡겨 버리게 되었고 이것은 다시 최소한의 질서나 도덕의식마저 무너뜨리고 있는 것 같다.

오늘날 사람들이 줄기차게 외쳐대며 그 극복을 이야기하고 있는 윤리의식의 실종, 생태계의 파괴 등은 모두 이런 순간에의 몰입이 낳은 질서 파괴의 산물이다, 그렇다고 과거의 질서로 돌아갈 수는 없다. 왜냐하면 과거는 언제나 지나간 시간이고 우리의 삶은 미래 지향으로 나아가야 하기 때문이다.

그렇다면 이런 현상을 그냥 내버려두어도 되는 것인가?

아무도 그렇다고 대답하지는 않을 것이다. 변화는 미래의 일이고 그 주체는 나 자신이다. 그러나 스스로를 변화의 부분 또는 종속물처럼 생각하는 한 나는 변화의 주인이 되지 못한다. 변화의 주인이 되지 못하면 나는 변화라는 거대한 소용돌이의 한 조각으로 전락하여 스스로를 잃게 될 것이다. 구석기시대 사람인 '나'가 오늘날 일어나고 있는 변화의 주인이 될 수 있는 까닭은 바로 스스로의 운명을 남에게 맡기지 않겠다는 의지 때문이다.

이런 의지가 없는 사람은 살아 있어도 죽은 것이나 다름없다.

주인의식이 강한 사람은 어떤 변화가 닥쳐와도 결코 흔들리지 않는다. 이것이 바로 오늘날의 변화를 바라보는 구석기인의 반성이다. 고뇌와 절망을 경험해 보지 않은 사람은 성장하지 못한다. 나는 동성애자들의 퍼레이드를 보면서 그들의 내면을 함께 보려고 애써 보았지만, 그들 자신은 얼마나 절망과 고뇌의 끝을 살고 있는지 알 수 없다.

나의 정체성

근대 프랑스를 배경으로 하는 영화를 보면 종종 왕가의 궁정생활을 보여주는 장면들이 등장한다. 이 중에서 눈길을 끄는 것 중 하나가 가면무도회다. 사람들이 넓고 화려한 홀에서 가지각색의 가면을 쓰고 춤추며 담소한다. 물론 이런 광경이 우리에게 익숙하다고 할 수는 없다.

그렇지만 우리에게도 가면 문화가 없는 것은 아니다. 탈춤놀이가 바로 그것이다. 가면을 쓰기는 하지만 목소리가 들리니 가면 뒤에 누가 숨어 있는지 어렵지 않게 확인할 수 있다.

그러나 예를 들어 비슷한 체격을 가진 왕과 신하 두 사람이 각각 가면을 쓰고 있으면서 아무 말도 하지 않는다면 누가 왕이고 누가 신하인지 헷갈릴 것이다.

가면을 쓰는 이유는 여러 가지가 있겠지만 그 배경에는 자신을 익명으로 포장하고 싶은 욕망이 공통적으로 들어 있다. 가면으로 자신을 가리고 있는 동안은 정체가 드러나지 않기 때문에 평소에 하지 않을 말이나 행동이 거리낌 없이 터져 나온다.

예전에는 무도회나 탈춤놀이와 같은 특정 행사에서나 가면이 '공식적으로' 등장했지만 오늘날에는 대부분의 사람들이 적어도 한두 개 쯤의 가면은 다 갖고 있다. 인터넷의 댓글 아이디이다.

특정 아이디가 누구의 아이디라는 것이 알려지기 전까지는 익명이 보장된다. 물론 지나친 말에 대해서는 제재가 가해진다. 강제로 가면을 벗겨 책임을 묻는 것이다.

가면을 벗으면 본명이 밝혀지고 정체가 드러난다. 그런데 '정체'란 무엇인가? 만일 내가 "내 이름이 나의 정체인가? 여러 사람이 동일한 이름을 갖고 있는 경우 어떻게 '범인'을 집어낼 수 있을까?" 하고 묻는다면 세상에 그런 바보 같은 질문이 어디 있는가라고 할 것이다.

그렇다. 어린 아이라도 다 알 수 있는 문제를 제기한다는 것은 어리석은 일이다. 그러나 정말 그럴까?

오래 전에 인기를 끌었던 <철가면>이라는 영화는 일란성 쌍둥이로 태어난 왕자들의 엇갈린 운명에 대한 이야기를 주제로 하고 있다.

한 사람(A)은 궁정에서 성장하여 왕이 되었고 다른 한 사람(B)은 죄수가 되어 감옥에서 세월을 보냈는데 이들을 바꿔치기하는 것이 영화의 클라이맥스다.

물론 죄수를 왕의 자리에 앉힌다고 그가 금방 왕이 될 수는 없다. 아무도 눈치 채지 못하게 해야 하기 때문에 음모자들은 죄수에게 왕 노릇 훈련을 시킨다.

궁정의 기본 예법은 물론이고 현재 왕의 말버릇, 행동, 검술, 선호하는 음식 등 중요한 사항들을 익히도록 해야 했다.

결국 음모가 성공하여 죄수가 왕이 되고 왕은 죄수가 된다. 왕이 바꿔치기 된 것을 아는 사람은 왕비와 음모자 몇 명뿐이다. 그 밖의 다른 사람들은 아무런 의심 없이 가짜를 왕으로 섬긴다. 즉 아무도 새로운 왕의 '정체'에 대해서 의문을 제기하지 않는다. 새로운 왕이 이전의 왕과 동일인이라고 여기는 것이다.

그렇다면 정체성은 나 스스로가 결정하는 것이 아니라 남이 판단해

주는 것인가? B는 자신이 A가 아니라고 주장하는데 대부분의 사람들이 B는 A라고 한다면 B는 A인가?

그렇게 된다면 B에게는 기가 찰 노릇이다.

이쯤에서 우리는 스스로에게 다음과 같은 물음을 물어볼 만하다.

'나를 나로 있게 하는 것, 나를 나로 만들어 주는 것은 무엇인가? 나의 육체인가 아니면 정신인가? 정신은 또 무엇인가?'

왕자와 죄수의 경우에서 볼 수 있듯이 똑같은 외모를 가졌다고 해서 두 사람이 동일인이 되는 것은 아니다. 즉 육체적으로 동일하다는 것이 두 사람을 동일인으로 만들지는 않는다. 그렇다면 반대로 똑같은 기억을 갖고 있으면 같은 사람인가?

어떤 사람이 어린 시절 과수원에서 사과를 따 먹다가 들켜서 호된 벌을 받았다. 그 소년은 나이 18세 되던 해 군대에 자원입대했다. 여러 해 동안 여러 곳에서 생사를 넘나드는 치열한 전투를 경험했다. 많은 공을 세워 장교로 승진도 했다.

전우들이 죽어나가는 것을 보면서 그는 늘 오늘이 자신의 생애의 마지막 날이 될 수도 있다는 생각을 했다. 그래서 과거의 기억 하나하나가 모두 소중했다.

특히 어린 시절 고향에서의 추억이 자주 떠올랐고 그것들은 바로 그가 살아남아야 하는 희망이고 목표였다. 그는 사과서리를 하다가 들켜서 매질을 당했던 일을 아직도 기억하고 있었다. 세월이 많이 흐른 후 그는 장군이 되었는데 젊은 시절의 무훈은 기억하지만 소년시절의 매질은 전혀 기억하지 못했다.

자연스럽게 외모도 많이 변했다. 호리호리하던 소년은 간 데 없고 모진 풍파를 이겨낸 사람 특유의 자신감 넘치는 모습으로 변해 있었다. 그러나 눈매나 코는 그대로였다. 이 경우 우리는 소년과 장군을 동일한 사람이라고 말할 수 있을까.

이 사람이 소년에서 장교로 또 장군으로 성장한 과정을 모두 지켜본 사람에게는 이런 의문을 제기하는 것 자체가 황당할 것이다. 그러나 이것은 그리 간단한 문제가 아니다.

불의의 사고로 혼수상태에 빠져 있는 사람의 경우 의식이 없어도 우리는 그 사람을 이전의 그와 동일한 사람이라고 생각한다. 그렇다면 육체가 동일인의 기준인가? 반드시 그렇지는 않다. 다음의 두 예는 이것이 간단하지 않음을 보여 준다.

영국의 철학자 로크는 왕자와 구두 수선공이라는 두 인물을 등장시켜서 동일성의 문제를 제기한다. 어느 날 왕자의 영혼이 구두 수선공의 육체에 들어가고 구두 수선공의 육체는 자신의 영혼을 포기한다. 즉 구두 수선공의 육체와 왕자의 영혼을 가진 새로운 사람이 생긴 것이다. 이 경우 그가 왕자와 동일한 사람이라고 할 수 있을까?

다음의 상황은 현재로서는 현실성이 없어 보이지만 이 문제가 대단히 복합적이라는 것을 보여준다.

과학기술이 고도로 발달하여 인간의 두뇌를 꺼내서 치료하는 단계에까지 도달했다. 외과 전문의 스미스 박사는 그의 조수가 끔찍한 잘못을 저질렀다는 것을 발견했다. 그는 브라운(Brown)과 로빈슨(Robinson) 두 사람의 뇌종양을 제거하는 수술을 했다. 보다 자세히

검사하기 위해서 두 사람의 뇌를 모두 꺼내 두었다.

그러나 수술의 마지막 단계에서 조수가 부주의하게 브라운의 뇌를 로빈슨의 머리에 그리고 로빈슨의 뇌를 브라운의 머리에 가져다 놓았다. 스미스 박사는 그대로 집어넣는 수술을 했다.

이 중 브라운의 육체와 로빈슨의 뇌를 가진 사람은 곧 사망하였으나 로빈슨의 육체와 브라운의 뇌를 가진 다른 사람은 생존하여 마침내 의식을 회복했다.

Brown과 Robinson이 합쳐진 이 사람을 편의상 브라운손(Brownson)이라고 하자. 브라운손은 의식을 회복하자 자신의 모습을 보고 대단히 놀란다. 옆에 있는 브라운의 육체를 보고는 "저기 누워 있는 것이 나다."라고 믿을 수 없다는 듯이 외친다.

위의 두 사례는 둘 다 어제의 나와 오늘의 나를 같은 사람으로 인정하도록 하는 것이 무엇인가라고 묻고 있다.

왕자의 영혼과 구두 수선공의 육체를 가진 사람은 왕자인가, 구두 수선공인가. 브라운손은 누구인가? 어제의 나와 오늘의 내가 같은 사람인지, 같다면 어떤 근거로 같은가?

육체가 뒤바뀐 경우 즉 왕자와 구두 수선공의 예는 기억과 의식의 동일함이 근거가 된다. 그러나 브라운손의 경우는 간단하지 않다. 왜냐하면 의식이 이전되었을 뿐 아니라 뇌라는 신체의 일부도 함께 이식되었기 때문이다.

주지하다시피 과학은 상상을 뛰어넘을 정도로 빠르게 발전하고 있다. 불과 반세기 전에 상상으로만 존재하던 것들이 현실화되어 지금은 당연하게 받아들여지고 있다.

머지않은 장래에 팔이나 다리 그리고 장기들이 인공적으로 만들어져 부품 갈아 끼우듯 대체될 것이다. 이어서 머리 이식도 가능해질 것이다. 또한 유전자를 조작해서 전혀 다른 의식의 소유자로 만드는 것도 가능해질 것이다.

살인범의 유전자 일부를 갈아 끼워서 착한 사람으로 만든다면 조작 이전의 행위에 대해서 어떻게 책임을 물을 수 있을 것인가. 더 나아가 '악한 성질'의 유전자를 완전하게 제거하여 모든 사람을 천사처럼 만들 수는 없을까.

이 경우 악한 성질이 무엇인지는 논란의 대상이 될 것이다. 궁극적으로 이게 하나님이 바라는 바인가는 또 다른 문제다.

그러나 어제의 나와 오늘의 내가 동일한 사람으로 인정되는 궁극적 기준이 무엇인지에 대한 논의는 계속되어야 한다. 왜냐하면 이 물음은 우리가 곧 당면하게 될 문제이기 때문이다.

인문학 위기와 독서

인문학의 위기라는 말이 인구에 회자된 지는 꽤 오래되었다. 매스컴도 상당히 호들갑을 떨었었다. 인문학의 위기라기보다는 인문정신의 위기 또는 인문학자의 위기라는 주장도 있었다. 인문학자들의 밥그릇이 현실적으로 위협받게 되었다는 것이다.

어떤 용어를 선택하든 우리가 고등학교 시절 문과 이과로 나누어 수업을 받았을 때 문과 쪽에 속한 학문에 문제가 생겼다는 것만은 분명하다. 인문학이 도대체 무엇이관대 위기를 맞았다는 것인가?

인문학이라는 말이 처음 유래한 중세 유럽에서 인문학(humanities)은 신학에 대비되는 세속적 탐구였다.

눈에 보이지 않고 그렇다고 머릿속에서도 잘 잡히지도 않는 '신의 세계'가 아니라 가시적인 세계에 대한 탐구가 인문학이었다. 이런 인문학이 오늘날에는 다소 애매하게 사용되는 것 같다.

물리학, 수학과 같은 '정밀학문(exact science)'이 아니고 문사철(文史哲 ; 문학, 역사, 철학)로 대변되는 정돈되지 않는 분야, 즉 '두루뭉술한' 학문 분야를 가리키는 말로 사용되는 것 같다.

그렇다. 인문학은 무슨 특별한 분야를 가리키는 말이 아니다. 물리학이나 수학처럼 확실하게 정의된 영역을 갖고 있지도 않다. 인문학은 인간의 사회와 문화를 연구하는 분야라고 폭넓게 정의되는 것이 보통이다. 대충 언어, 문학, 철학, 역사, 종교 등을 아우르는 영역을 가리키는 말이다. 오늘날 문과대나 사회대에 속한 대부분의 전공들이 대체로 인문학을 구성한다고 보면 크게 틀리지 않을 것이다.

그런데 왜 그런 인문학이 위기인가.

사실 이 물음에 대한 답은 간단하다. 취업이 원인이다. 인문학 분야를 전공한 사람은 취직이 잘 안 된다. 기업은 공학이나 경영학 전공자를 선호한다. 경제가 호황이던 시절에도 마찬가지였다. 학생들은 취업에 유리한 쪽으로 몰리게 마련이다.

어떤 대학에서는 철학과 지원자가 단 한 명도 없던 해도 있었다. 일부 대학은 아예 몇몇 인문학 관련 학과들을 통폐합하거나 없애 버렸다. 이제는 일자리 자체가 줄어들어서 전공 불문하고 취직이 안 되니 인문학을 따로 거론할 필요도 없어졌다.

'인문학의 위기'를 사회적 이슈로 만드는 것은 매스컴이지만 그것을 재빨리 돈으로 치환하는 사람들은 소수의 강사들이다. 인기 강사들의 몸값은 가히 천문학적이라고 한다.

역사를 예로 들어보자. 역사책을 읽어 보면 다 나와 있고 중고등학교 시절 이미 대충 배운 바 있는 것들을 왜 이들의 입을 통해 다시 들어야 하는지는 의문이다.

그러나 시장경제 사회에서 수요가 있으니 공급이 있는 것이 아니겠는가. 어려서부터 즉석식품을 먹고 자란 사람들은 무엇이든 가공해서 포장해 주는 것을 좋아한다.

그래서 너도나도 가공한 자료들을 제공하는 강좌를 개설하여 고객을 유치하려고 애를 쓴다. 시민들의 교양을 높인다기보다는 시청률이

나 돈벌이가 주목적이다.

인문학적 소양이 남의 이야기를 들어서 생길 수 있을까. 결코 아니다. 아무튼 강좌의 외연이 넓어져서 요즈음은 대중을 상대로 하는 문화강좌가 엄청나게 많아졌다. 얼마나 참여하는지는 몰라도 시군 단위에서도 문화강좌가 개설되고 있다.

지방이라고 해서 문화적 소양이 뒤쳐지라는 법은 어디에도 없다. 대중을 상대로 하기 때문에 쉽고 재미가 있어야 한다. 이런 목적을 위해서 강사들은 때로 개그적인 요소를 포함시키기도 한다.

방송에서 개그맨을 포함하여 사회 여러 분야의 사람들이 잡담하듯 철학이나 역사를 이야기하는 것을 볼 수도 있다. 간혹 역사적 인물들이 가벼운 농담의 대상으로 전락하는 경우도 생긴다.

이런 프로를 보면 출연자들이 경쟁적으로 웃기려고 한다는 인상을 받게 된다. 다분히 위험한 놀이를 하고 있는 것이다.

2016년 말부터 2017년 초까지 거의 매일 우리는 소위 국정을 농단했다고 지목되는 사람들이 국회의원들 앞에 불려나와 혼나는 것을 방송에서 보았다. 이후 청문회의 주역이었던 국회의원들이 다시 방송 프로에 나와서 그 후일담을 전했다.

이들은 무슨 악당을 때려잡은 영웅이라도 되는 것처럼 당시의 상황을 신나게 떠들어댔고, 진행자들도 거기에 장단을 맞추며 진행했다.

이것을 보면서 만일 검사가 피의자에게 중형을 구형해 놓고 방송에 나와 자랑한다면 그 검사를 신뢰할 수 있겠는가 하는 생각이 들었다. 청문회 중계에서 자주 볼 수 있는 광경 중 하나가 국회의원의 호통 치는 모습이다.

방송을 의식해서 더 그러는지는 몰라도 서슬이 퍼렇다. 초등학생도 다 아는 사실, 즉 '나는 여기에 국민을 대리해서 나와 있다.'를 새삼 강조하면서 피(彼)청문인들을 윽박지른다. 이런 경우는 대체로 청문이 자신의 뜻대로 진행되지 않고 있다는 징조다.

'나는 곧 국민이다. 어느 안전이라고 그런 불성실한 태도를 보이는가.' 마치 조선시대를 배경으로 한 영화의 한 장면에서 듣는 '네가 네 죄를 알렸다.'를 연상케 한다. 정치가 코미디처럼 된 게 어제 오늘이 아니지만 사람들은 이걸 흉보면서도 따라한다.

서울에 있는 어느 명문 대학의 교수가 방송 프로에 나와서 인문학 관련 강연을 하는 것을 본 적이 있다. 주목을 끌려고 그랬는지는 몰라도 말투가 너무 이상해서 마치 서커스의 어릿광대 보는 느낌이 들었다.

어떻게 맨 정신으로 그런 모습을 연출할 수 있을까. 이런 사람들을 통해 '인문학'이 점점 더 가벼워지고 있는 것이 아닌가 하는 의구심이 들기도 했다.

아마 모르긴 해도 학생들 앞에서 그런 식으로 강의를 하는 교수는 없을 것 같다. 어쩌다 이 지경까지 와버렸나 하는 생각이 들었다.

인문학은 쓸모없는 학문인가?

기업에 별 도움이 되지 않는가?

그렇지는 않다. 주지하다시피 이윤 추구가 목적인 기업은 현장에 곧바로 투입될 수 있는 인재를 선호한다. 기업을 하는 쪽에서 볼 때 신입사원 훈련에 몇 개월 또는 그 이상의 시간을 쏟는 것은 낭비다. 하루라도 빨리 이들을 부려 먹어서 월급 값을 하도록 해야 하는 것이다.

물론 인문학자들은 이것이 근시안적인 발상이라고 비판한다. 그들은 말한다. 기업을 움직이는 것은 인간이다. 직업교육과 반대편에 있는 분야로서 인문학은 '인간됨'에 관한 공부다. 그렇다면 결론은 이미 나와 있지 않은가라고.

이제는 일부 기업에서 인문학적 소양을 갖춘 사람을 선호한다는 이야기가 들려오기도 한다. 최근 대한상공회의소에서 100대 기업을 상대로 선호하는 인재에 관한 설문조사를 했다.

1위가 소통(疏通)을 잘하는 사람, 2위가 전문성(專門性)이 있는 사람, 3위가 원칙(原則)을 지키는 사람이었다.

소통을 잘하는 사람은 누구인가.

그야 자기고집 부리지 않는 사람, 동료들과 원만하게 지내는 사람, 위아래 두루 잘 통하는 사람이지 않겠는가. 이렇게 말을 한다면 너무나 싱거울 것이니 조금 우회해서 20세기 영국의 사상가 벌린을 인용해서 답해 볼 수도 있다.

그는 사상가들을 고슴도치 형과 여우 형의 두 부류로 나누었다. 고슴도치는 세상을 단 하나의 렌즈를 통해 본다. 반면에 여우는 광범위한 경험의 다양성에 의존하여 세상을 본다. 여우에게 세상은 단 하나의 관념으로 수렴될 수 없다. 그가 톨스토이의 역사관을 분석하는 과정에서 이런 주장을 한 것이지만 이건 그대로 기업에도 적용될 수 있다.

기업에서 원하는 사람은 물론 여우 형의 사람일 것이다. 그런데 과연 그럴까. 기업에서 원하는 인재상 2위가 전문성 있는 사람이다. 사실 이것은 너무나 당연해서 그냥 지나가도록 하겠다. 전문적 지식 없이 어떻게 일을 할 수 있겠는가.

눈여겨 볼 부분은 3위 원칙을 지키는 사람이다. 원칙과 소통은 경우에 따라서 부딪칠 수 있는 덕목들이다. 벌린에 의하면 톨스토이는 원래 여우였으나 신념 상 고슴도치가 되었다.

재능은 여우같은데 그의 신념은 그가 고슴도치여야 한다는 것이다. 이러한 상호 갈등하기 쉬운 두 덕목을 내부에 안고 있었던 까닭에 톨스토이는 말년에 큰 고통을 겪었다고 한다.

어떻게 소통과 원칙을 조화롭게 운용할 수 있을까. 바로 이 대목에서 인문학적 소양이 그 소박한 역할을 할 수 있을 것으로 보인다.

우리는 왜 인문학적 소양을 필요로 하는가?

소위 문사철로 대변되는 인문학을 알아야 하는 이유는 무엇인가? 그것은 한 마디로 삶을 진지하게 대하도록 하는 태도를 기르기 위해서다. 요즈음 세상 돌아가는 것을 보면 진지함이라는 말은 박물관에나 가야 찾아볼 수 있을 것 같다.

진지함은 품위에 이르는 길이다. 이것이 철학이나 역사 이야기를 적당히 가공하여 청중에게 들려준다고 얻어질 수 있을까. 인문학 강의 몇 개 들었다고 갑자기 진지한 사람으로 변할 수 있을까.

물론 아니다. 유감스럽게도 인문학적 소양은 하루아침에 길러지지 않는다. 그것은 마치 요리의 진정한 맛을 즉석 도시락을 통해 알려고 하는 것과 같다. 진지함이 소통과 원칙 사이에서 구체적으로 어떤 역할을 할 수 있는지 묻는다면 답변은 궁해진다.

물론 온갖 수사를 동원하여 그럴 듯한 답변을 꾸며낼 수는 있을 것이다. 그러나 그게 무슨 소용인가. 인문학적 소양은 독서 없이는 쌓아질 수 없다는 것은 분명한 사실이다.

학원 강사는 지식을 일목요연하게 가공하여 학생들이 손쉽게 받아먹을 수 있도록 해준다. 인문학도 학원에서처럼 남이 만들어주면 좋겠지만 그럴 수가 없다. 그럼에도 불구하고 학원 문화에 익숙해져 있는 사람들은 인문학 강의를 들으면 인문학적 소양도 생길 것이라고 기대한다. 그렇게 해서 생긴 수요를 충족시키기 위해서 소위 인문학 강의라는 것들이 갑자기 많이 등장한 것이다.

그러나 즉석 '식품'에 중독되어 있는 한 '인문학의 위기'는 지속될 것이다. 이 위기를 벗어나는 유일한 방법은 책을 읽는 것이다. 무슨 책이라도 좋다. 독서량이 OECD의 가장하위권에 있으면서 인문학의 위기 운운한다면 그것은 참으로 이율배반적인 이야기일 뿐이다. 책을 많이 읽어야 할 책상물림들, 특히 교수나 소위 인기 강사들의 독서량을 측정해 보면 모르긴 해도 아마 충격적인 결과가 나오지 않을까 싶다.

행여 누가 '책을 읽읍시다.'라는 캠페인이라도 벌린다면 '무슨 책을 어떻게 읽어야 하나요?'라는 질문이 제일 먼저 나올 것이다. 다음에는 책 읽는 방법에 대한 저술이나 강연이 줄을 이을 것이다.

이런 호재를 '전문가들'이 그냥 흘려버릴 수는 없을 것이기 때문이다. 소위 전문가라고 하는 사람들이 책 읽는 법을 가공해서 독자가 쉽게 이해할 수 있도록 한 상 잘 차려준다고 하자. 그걸 받아먹은 다음 책 읽기는 거기에서 끝날 확률이 높다.

젠장 책을 읽는데 무슨 특별한 방법이 있단 말인가. 그냥 아무 책이나 읽으면 된다. 물론 생전 책을 읽지 않던 사람이 갑자기 무거운 내용의 책을 펼칠 수는 없을 것이다. 재미가 없으면 한 페이지 넘기기도 전에 덮어버리게 된다.

교양을 '높여' 주리라 기대되는 책들이 부담스러우면 예컨대 대중잡지 속에 간간히 등장하는 짧은 글이나 무협지를 읽어도 좋다.

무협지? 무협지가 어때서? 무협지를 읽어서 책 읽는 습관이 몸에 배게 되면 얼마나 좋겠는가. 무협지와 친근해지면 다른 장르로 건너가는 것은 크게 어렵지 않을 것이다.

바로 오늘 아침 어떤 저명한 교수가 인문정신의 위기에 대해서 쓴 칼럼을 읽었다. 그런데 그걸 백 번 읽은들 무슨 소용인가. 인문학의 위기는 독서를 하지 않기 때문에 벌어진 현상이다. 그렇다면 그 치유책은 간단하지 않은가.

철학 입문에서 실용주의까지

듀란트(Will Durant)의 『문명 이야기(Story of Civilization)』 9권 <볼테르의 시대>편에 볼테르가 철학자인지 아닌지를 묻는 대목이 나온다.

"볼테르는 철학자였는가?

그렇다. 그가 비록 체계를 구축하지 않았고 모든 문제들에 관해서 갈피를 못 잡았고, 사물을 대체로 피상적으로 보았지만 철학자임에 틀림없다.

그러나 철학자라는 말이 인간과 세계에 관한 통일되고 일관성 있는 사고 체계를 구축하는 사람을 의미한다면 그는 철학자가 아니었다. 그는 아주 작은 것을 무한자로 염치없이 확장시키는 것으로서의 체계로부터 등을 돌렸다.

그러나 철학자가 자연, 도덕, 정부, 삶, 운명에 관한 기본적 문제들에 진지하게 몰입하는 사람을 의미한다면 그는 틀림없는 철학자였다.

그는 심오한 사상가로 평가되지 않았는데 아마도 그의 불확실한 스타일 때문일 것이다. 그의 사유는 대부분 독창적이지 않았다. 그럼에도 철학에서 대부분의 독창적 관념은 우스꽝스럽고 독창성의 결여는 지혜의 표시처럼 되어 있지 않은가."

듀란트의 말은 철학도로서 살아온 지난 세월을 새삼 되돌아보는 시간을 갖도록 해 주었다. 이 기준에 의하면, 인간과 우주에 관한 체계적 이론을 제시하거나 아니면 진지하게 사유하는 사람이 철학자다. 나는 어느 편에 속하는가? 둘 다 아니다.

나는 인간과 세계에 관해서 체계적인 이론을 세운 적도, 사물을 진지하게 사유한 적도 없다. 평생 철학책을 붙잡고 살았지만 솔직히 나는 심오한 사유가 어떤 것인지 모른다.

철학자들의 저술을 읽으면서 경외감을 가진 적은 많지만 이들의 이야기를 피부로 느끼고 공감했던 기억은 별로 없다.

왜 그럴까 스스로에게 물어 보았다.

나는 철학적으로 사유할 기질이 없는지, 말하자면 철학성이 결여된 사람인지, 아니면 철학을 할 만한 지적 능력을 갖추지 못하고 있는지. 철학성은 무엇이고 철학과 지적 능력은 어떤 관계인지. 듀란트가 제시한 대안 이외에는 철학자로 불릴 가능성이 없는지. 나는 그저 철학사나 가르치는 선생이었는지……특히 이 물음에 그렇다고 대답하기는 왠지 내키지 않았지만 현재의 내 모습에 가장 근접해 보였다. 이처럼 많은 물음을 던져 보지만 그 어느 물음에도 속 시원한 답을 찾을 수 없었다.

나는 어떤 확신을 가지고 철학에 입문했던 것은 아니다.

대학에서 법학을 전공했지만 고시공부가 싫어서 도피처로 찾은 곳이 철학이었다. 우리 윗세대 어른들이 다 그랬지만 아버지는 매우 근엄하신 분이었다. 법대에 진학한 것은 아버지의 뜻이었다.

그런데 나는 고시공부가 싫었다. 아니 공부 자체가 싫었다. 대학 다니는 동안 공부와는 담을 쌓고 지냈다. 그렇다고 다른 공부를 한 것도 아니다. 그냥 어영부영하다보니 졸업을 하게 되었다.

그러나 대학을 졸업하더라도 고시공부를 하지 않고서는 견딜 도리가 없을 것 같았다. 그래서 미국으로 도망치듯 유학을 갔다. 미국에서의 유학 생활은 경제적으로나 학문적으로나 그야말로 고전의 연속이었다. 그때까지 공부라고는 진지하게 해본 적이 없는데 갑자기 기초 지식도 없이 남의 나라에서 남의 말로 철학 공부를 하자니 죽을 맛이었다.

사실 나는 어린 시절부터 공부에 별 취미가 없었다. 워낙 내성적이고 수줍음이 많아서 말썽을 피우거나 하지는 않았지만 될 수 있는 대로 선생님 눈에 띄지 않도록 뒷전에서 조용히 지냈다. 사춘기 때는 몸이 너무 약해서 늘 병원에 다녀야 했다.

집과 학교 다음으로 많은 시간을 보낸 곳이 병원이었다. 아버지는 나를 '수수깡' '병주머니'라고 부르시곤 했다. 당시에는 몸과 마음이 모두 건강하지 못했던 것 같다.

지금 돌이켜 보면, 어린 시절 너무 자주 전학을 다녔던 것이 심약한 나에게 견딜 수 없는 불안증을 안겨줬던 것 같다.

전학은 내게 고통 그 자체였다. 지방으로만 다녀서 그랬는지는 몰라도 학교 수업 따라가는 데는 아무런 문제가 없었다. 문제가 없는 것도 문제인지 이때 공부를 설렁설렁 하는(하지 않는?) 습관이 몸에 배었다.

한 번 전학을 갈 때마다 그동안 어렵게 쌓아 놓은 모든 질서가 무너져 내렸다. 이런 생활이 반복되다 보니 내게 고정된 것은 어디에도 없었고 아무런 의미도 없었다. 고등학교 때 서울로 올라왔지만 병치레는 여전했고 마음이 떠 있기도 마찬가지였다. 전학 다닐 때처럼 늘 혼자였고 3년 내내 우울하게 지냈다.

이 시기에 쇼펜하우어의 『자살론』과 키에르케고르의 『죽음에 이르는 병』과 같은 철학자의 글을 처음으로 읽어 보았다. 별 재미는 없었다. 그러나 이런 책들이 전해주는 주제들은 그렇지 않아도 침울한 성격을 한층 더 염세적으로 만들었다.

이때부터 자살, 죽음이라는 단어를 늘 머리에 안고 살았다. 아직도 거기에서 완전히 벗어났다고 할 수는 없다.

이런 성장 배경을 가지고 철학에 입문했다.

처음에는 수업에서 살아남는 것이 시급했는데 영어가 조금 통하게 되자 철학에 대해서 의문이 들기 시작했다.

'20세기 철학' 강의에서 "물고기가 통증을 느낄 수 있는가?" "내가 토마토를 볼 때 무엇을 보는가?"와 같은 물음을 가지고 논란을 벌이는 것을 보며 '젠장 내가 지금 무얼 하고 있지.'라는 회의가 들었다.

물론 이것들은 사밀언어, 감각소여에 관한 문제들이다. 그러나 사밀언어, 감각소여가 지혜와 어떻게 연관되는지 알 수 없었다.

그때까지만 해도 나는 철학이 지혜의 사랑이고 모든 학문의 여왕이라고 굳게 믿고 있었다. 그런데 이런 것들이 과연 심오한 지혜에 이르는 물음인지 알 수 없었다. 철학 공부를 본격적으로 시작하기도 전에 회의가 들었으나 이미 엎질러진 물이었다. 그래도 지혜에 다가가는 훈련 과정이라고 자위하면서 억지로 따라갔다.

석사 학위 논문은 직관주의 수리철학의 배중률에 관해서 아주 짤막하게 썼다. 잘 알지도 못하는 분야를 택한 이유는 형이상학이나 인식론을 주제로 논문을 길게 쓸 자신이 없었기 때문이다.

교수들이 이 분야에 별 관심이 없어서인지 대충 통과시켜 주었다.

같은 대학에서 박사과정을 하는 것이 여의치 않게 되어 학교를 옮겼다.

영어는 제법 늘었으나 철학의 그림은 여전히 잡히지 않았다. 인식론 세미나에서 고전을 했는데 담당 교수는 내가 도저히 감당할 수 없는 분량의 과제를 요구했다.

모두들 투덜거렸지만 필수과목이었기 때문에 피해갈 수 없었다. 결국 교수의 요구를 충족시키지 못해 C학점을 받고 말았다. 지금 기억으로는 경험론적 입장에서 인간의 인식 심리 상태를 다루는 강좌였는데 수강 학생 전부 B 이하를 받았다.

철학에 대한 확신도 없는데 이참에 그만 때려치울까 하는 생각도 했지만 달리 방법이 없었다. 이제 그만두면 그야말로 백수건달이 될 판이었다. 논리학 세미나에서 좋은 평가를 받아서 그나마 다행이었다. 논리학을 전공해 볼까 하는 생각도 했다.

어차피 논리학은 철학과 별 관계가 없어 보여서 철학에 대한 회의에서 벗어날 수 있으리라는 생각이 들었기 때문이다. 그러나 곧 이것이 착각이라는 것을 알았다. 논리학으로 학위를 받으려면 수학 과목을 몇 개 더 들어야 한다는 것을 미처 몰랐다.

나는 논리학 때문에 여러 사람들로부터 지탄의 대상이 된 적이 있었다. 지금은 폐교된 알버커키대학에서 논리학 입문 강의를 했는데 수강 학생의 삼분의 일 정도에게 F학점을 줬다.

이 대학은 재정난으로 매우 어려운 상태에 있어서 학생들이 상전이었다. 그 학기를 끝으로 더 이상 내게 강의를 주지 않았다.

귀국해서 얼마 되지 않아 H대에서도 논리학 입문 강의를 했다. 4학년을 포함해서 꽤 여러 명의 학생들에게 F를 줬는데 학교에서 난리가 났었다. 돌이켜 보면 참으로 융통성 없는 사람이었다. 지금이라면 절대로 그렇게 하지 않을 것이다.

이럭저럭 몇 년 지내다 보니 몸과 마음이 모두 지쳐 버렸다.

그래서 아무런 계획도 없이 잠시 쉬겠다는 생각만 가지고 귀국했다. 집에서는 나온 김에 노총각 결혼을 서둘렀고 당시 중학교 교사로 있던 아내를 만났다. 결혼을 앞두고 바로 아무 연고도 없는 수도여자사범대학(현 세종대학교)에 전임강사로 채용이 되었다.

그때는 연줄이 없으면 대학교수가 될 수 없던 시절이었다. 겨우 두 학기 보내고 바로 사직했다. 주변에서는 극구 말렸으나 무슨 개인 회사 같은 분위기의 학교에 미련이 없었다.

지금 돌이켜 보면 대단히 미련한 결정이었는데 젊은 객기에 뒤도 돌아보지 않고 다시 미국으로 돌아갔다.

어렵사리 종합시험을 통과하고 논문 주제를 잡지 못해 우물쭈물하고 있는데 지도교수님이 저녁 초대를 하셨다.

기대를 하고 갔는데 닭다리 두 쪽하고 샐러드 한 접시 먹은 게 전부였다. 아내도 실망한 눈치였다.

그나마 채식주의자가 닭다리라도 내놓은 것은 다행이었다. 그런데 사실은 교수님이 논문 주제에 대해 넌지시 던져 보려고 자리를 마련했던 것이다. 교수님은 당신의 은사였던 노스럽이라는 미국 법 철학자에 대해 여러 가지 이야기를 해 주셨다.

석사학위 때처럼 잘 모르는 분야여서 잠시 망설였으나 읽어야 할 책도 많지 않고 별다른 대안도 없어서 논문 주제로 정했다.

노스럽은 1940년대 후반 『동양과 서양의 만남』이라는 저서로 유명세를 탔던 예일대 철학과 교수 겸 법대 교수였다. 그는 존재와 당위, 사실과 가치가 별도의 영역에 속하는 것이 아니라 융해될 수 있다고 주장한 사람이다.

시작한 지 얼마 되지 않아 노스럽이 정교한 이론을 갖춘 일급의 철학자가 아니라는 것을 알았지만 내친 김에 그냥 밀고 나갔다.

그런데 이것이 화근이었다. 초고가 끝날 무렵 박사학위 심사 위원 중 한 사람이 주제를 문제 삼았다. 왜 칸트나 비트겐시타인 또는 어스틴이 아니고 하필이면 노스럽인가 하고 물고 늘어졌다.

골수 분석철학자였던 이 교수는 철학은 개념상의 문제들로 구성되어 있다고 믿는 사람이었다. 또한 철학사는 참고 사항이지 연구 대상은 아니라는 확고한 신념을 갖고 있었다.

결국 또 한 사람의 법 철학자인 훌러를 논문에 포함시키는 것으로 절충했지만 이 갈등은 한동안 철학과 내의 가십거리였다. 어느 교수는 페인트공이 출입구부터 칠을 시작하면 빠져 나올 길이 없지 않은가 하는 말로 이 상황을 묘사하기도 했다. 내가 워낙 게을렀던 탓이지만 이런저런 이유로 논문을 완성하는 데 꽤 오랜 시간이 걸렸다.

1983년 여름 학위를 끝내고 얼마 되지 않은 즈음 어머니께서 오랜 병환 끝에 돌아가셨다. 장례식에 맞추어 서둘러 귀국했다. 이듬해 2월 정신문화연구원(한국학중앙연구원)에 조교수로 채용되었는데 전적으로 김형효 선생님 덕택이었다.

당시 한국 철학계에는 지인이 전혀 없었기 때문에 선생님이 아니었다면 아마 자리를 잡지 못했거나 꽤 오래 고생을 했을 것이다.

처음 몇 해는 육체적으로 대단히 힘들었다. 하루 종일 피곤한 상태가 지속되었는데 특히 오후에는 신열이 올라와 아무 일도 할 수 없었다. 원인을 모르는 상태에서 내색하지 않고 지내려니 성격이 다분히 신경질적으로 되었다. 이 시기에 나를 만났던 사람들은 나를 차갑고 우울한 사람으로 기억할 것이다.

1990년대 초 우연히 그동안 내가 폐결핵을 앓았다는 것을 알게 되어 건강에 신경 쓰기 시작했다. 1970년대 말부터 기침을 자주 했는데 미국 의사는 알레르기로 진단했었다. 알레르기에 폐결핵이 덮여 있어서 오진을 했던 것 같다. 그때부터 결핵을 앓은 것이었다.

1990년대 중반까지는 그때그때 생각나는 대로 주제를 잡아 일관성 없이 썼다. 문제는 과제를 연구원의 정체성에 맞추는 일이었는데 매번 곤혹스러웠다.

한국철학으로 빨리 변신을 하는 것이 정답이었지만 능력 밖의 일이었다. 아울러 철학이 무엇인가에 대한 회의는 여전히 떠나지 않았고, 점점 더 철학의 고유한 주제는 없다는 생각이 굳어져 갔다.

이런 회의는 로티를 읽으면서 더욱 강화되었다. 그래서 '반철학', '철학의 종언'이라는 큰 주제 아래 현대의 반형이상학, 반인식론 등에 관해서 쓰기 시작했다. 그렇게 쓴 글들을 모아 놓은 책이 『철학의 종언 그 새로운 시작(2003)』이다.

서양철학자들은 비교적 최근에 이르기까지 체계 구축에 매달려 왔다. 이런 당연해 보이는 철학 작업에 처음 문제를 제기한 철학자는 근대 경험론자들이었고, 20세기 들어 비트겐시타인, 하이데거, 듀이 등이 철학의 종언 문제를 본격적으로 제기했다.

이들보다 앞서 니체는 신의 죽음을 선포함으로써 철학이 추구하는 진리의 궁극적 보증자를 부정해 버렸다.

신의 관념이 포기되면 인간의 행위는 물론 사물을 가늠할 어떤 고정된 또는 절대적인 기준이 사라진다. 하이데거에 의하면, 플라톤에 의해서 시작된 서양철학은 니체에서 그 한 주기를 마감했다. 니체에 의해서 선포된 신의 붕어와 더불어 이른바 객관적으로 실재에 대하여 이야기한다는 형이상학이 그 오랜 수명을 다했다는 것이다.

나는 겉으로는 불가지론자라고 말하지만 사실은 무신론자나 다름없다. 세계를 초월해 있는 원초적 존재가 없다면 도덕 원리들이 그 모든 타당성을 잃는다는 칸트의 말은 해석하기에 따라 불가지론을 수용하는 것일 수도 있다.

그러나 신의 역할이 경찰보충대 이상일 수 있는가. 수도여자사범대(세종대)에서 강의할 때 이런 일이 있었다. 만유재신론을 설명하는데 어느 학생이 자못 진지한 표정으로 물었다.

"선생님, 신이 모든 곳에 존재한다면 소에게도 신이 있겠네요. 제가 어제 소고기를 먹었으니까 결국 신을 먹은 셈이지요?"

전혀 예상하지 못한 질문이어서 잠시 당황했다. 그러나 백 명도 넘는 학생들 앞에서 우물쭈물할 수는 없었다.

"맞아요. 우리가 신을 먹고 있는 셈이네요, 그래 먹어보니 맛이 어땠어요?"

이 에피소드는 함께 웃으면서 대충 넘어갔지만 지금까지도 생생하게 기억하고 있다. 스피노자를 따라서 존재하는 모든 것이 바로 신, 즉 자연 질서가 곧 신이라고 설명을 해도 인격신, 의인화 관념에 익숙한 사람들을 이해시키는 것은 결코 쉬운 일이 아니다.

로크, 흄, 볼테르, 니체, 칸트, 사르트르, 러셀, 비트겐시타인 등과 같이 철학사에 이름을 올린 대부분의 위대한 철학자들이 무신론자이거나 무신론에 가까운 입장을 견지했다는 사실은 여러 가지 시사(示唆)하는 바가 크다.

왜 사람들이 신 없이는 단 하루도 살 수 없는 지경에 이르게 되었는가. 신 덕택에 많은 사람들이 밥을 먹고 있으며 신을 팔아서 거대한 부를 축적한 사람들도 있지만, 인류 역사상 얼마나 많은 사람들이 신의 이름으로 무고하게 죽어나갔는지 생각해보면 그다지 반가운 존재는 아닌 것 같다.

듀이는 인간이 신 개념을 만들게 된 기원을 위험하고 변덕스러운 세계의 모습에서 찾는다. 불확실성이 지배하는 세상에서 자신을 지켜줄 어떤 확실한 것이 필요했고 그것이 점차 발전하여 신이 되었다는 것이다.

듀이는 플라톤 이래 영속적이고 변하지 않는 실재를 탐구하는 관념론 철학이 존재론적 환상 위에 서 있다고 주장했다. 확실성의 추구야말로 그리스 철학이 이후의 철학사에 걸어놓은 저주라는 것이다.

비트겐시타인도 본질 탐구로서의 형이상학을 착각이라고 보았다. 형이상학 명제들은 칸트가 생각했던 것처럼 가능 경험의 조건을 위한 종합적-선천적 진리도 아니고 문법의 규칙일 뿐이라는 것이다. 비트겐시타인은 철학적 문제들에 대한 답을 찾기보다는 문제 자체를 해소시킴으로써 철학이 언어로 걸어놓은 현혹에서 벗어날 수 있다고 주장했다.

나는 비트겐시타인을 철학자로서 자연인으로서 존경하지만 그는 내게서 창조적 글쓰기의 희망을 앗아가 버린 장본인이기도 하다. 분석적 훈련을 받은 사람은 늘 자신의 글이 논리적인지를 걱정한다. 논리에 대한 걱정이 앞서니 글을 마음대로 쓰지 못한다.

비트겐시타인은 수수께끼 같은 말 몇 마디 던져 놓고 독자가 이해를 하든지 나머지는 알아서 메꾸라고 하는 것 같다. 분석하는 마음으로는 결코 창조적인 글을 쓸 수 없다.

이런 문제를 가지고 부퍼탈 대학의 볼파르트 교수와 이야기를 나눈 적이 있다. 동양철학에 심취해 있던 이 교수는 비교적 열린 마음을 가지고 있는 사람이었다. 나중에 그의 세미나에 초대받았는데 <도>가 주제였다. 동양철학에 문외한이었지만 아무렴 내가 독일 사람들보다는 할 말이 더 있겠지 하는 생각을 가지고 세미나에 들어갔다.

칠판에 '道'라고 써놓고 토론을 하는데 대부분 독일어로 진행되어 알아들을 수 없었다. 그러나 모르긴 해도 상당히 분석적 접근을 하는 것 같았다. 그간 동양철학 전공 교수들에게서 들은풍월도 있고 해서 도와 같은 초월적 개념에 대한 분석적 접근의 한계를 지적해 보았다. 나중에 사석에서 그는 분석철학의 현대판 시조로 칸트를 꼽았다. 아울러 그는 이런 농담 아닌 농담을 던졌다.

"철학이라면 독일이다. 분석철학이든 뭐든 미국은 독일에서 배웠으니 이류다. 당신네는 미국에서 배웠으니 삼류다."

기가 막혀서 나는 "이십세기에 하이데거 말고 독일이 내세울 만한 철학자가 있는가? 하버마스는 결코 아니다. 철학의 새로운 흐름을 주도하고 있는 것은 프랑스 철학자들이 아닌가?"라고 했다. 약간의 난타

전이 있은 다음 볼파르트 교수는 결국 이 말에 동의했다.

로티의 말대로, 철학자들이 너무 오랫동안 이성 중심적 사고, 인식론의 문제에 매달려 왔던 것은 사실이다. 이런 관행에 반기를 든 광범위한 조류가 포스트모더니즘이다. 앎은 토대와 이론을 가져야 한다는 너무나 당연해 보이는 확신이 무너지면 인식론은 더 이상 그 존재 근거가 없어진다. 앎에 관한 철학적 문제와 같은 것은 없다는 주장은 철학에 대한 이해를 근본적으로 바꾸는 것이다.

그에 의하면, 삶의 중심을 이루고 있는 모든 활동은 어떤 기초, 토대를 가지고 있으며 그것에 대한 반성이 철학이라는 관념은 더 이상 유효하지 않다.

철학이 그 고유한 주제가 없고 종말을 맞이했다고 생각한다면 당연히 철학이라는 밥상에서 숟가락을 내려놓았어야 마땅하지만 나는 여전히 철학을 떠나지 못했다. 별다른 이유는 없고 세월의 타성에 따라 갔을 뿐이다. 그러면서 새삼스럽게 관심을 갖게 된 분야가 실용주의였다.

실용주의자들은 넓은 의미에서 반철학자들이다. 그래서 실용주의 창시자들인 퍼스, 제임스, 듀이에 대한 연구를 학문 인생의 마지막 주제로 삼았다.

퍼스가 진정 실용주의자인지 논란은 있지만 이들에 대한 삼부작 저술은 미국의 자생적 철학을 소개하는 가치 있는 작업으로 생각되었다. 그렇게 해서 『프래그마티시즘 퍼스의 미완성 체계(2005)』, 『프래그마티즘 제임스의 미완성 세계(2009)』, 『인스트루멘탈리즘 듀이의 미완성 실험(2013)』을 출간했다.

제목에 미완성이라는 말을 붙인 이유는 실용주의자들의 세계는 열려 있다는 점과 이들의 노력이 체계 만들기에 있지 않고 진행형이라는 것을 강조하기 위해서였다.

예전에 몇몇 국회의원들의 아침 공부 시간에 실용주의에 대해 이야기한 적이 있다. 잠깐 강의하고 토론하는 자리였기 때문에 긴 설명은 할 수 없었다.

나보다 앞서 다른 주제로 강의했던 교수들도 실용주의에 대해서 조금씩 언급했다는데 아마도 이분들 성에 차지 않았던 모양이다. 아무튼 "실용주의는 한 마디로 이것이다."라고 속 시원하게 풀어줘야 하는데 그게 말처럼 쉬운 일이 아니었다.

한 분이 "어떻게 하는 것이 지역구에 실용주의적으로 봉사하는 것입니까?"라고 물었다. 답답하기는 나도 마찬가지였다. 실용주의는 돈을 벌어 주는 방법도, 꽉 막힌 지역구 현안을 풀어주는 방법도 아니기 때문이다. 내가 그냥 백성들 배부르고 등 따습게 해 주는 것이 실용주의라고 말했다면 이분들은 '실용주의 별거 아니네.'라고 생각했을 것이다. 뭔가 무릎을 탁 칠만한 대답을 내놓았어야 하는데 그렇게 할 수 없어서 안타까웠다.

제임스나 듀이라면 이런 상황에서 어떻게 대답했을지 궁금했다.

말미에 나는 이 분들에게 이렇게 말했다.

"내가 실용주의자가 된다는 것은 어떤 것인가. 그것은 관념의 노예가 되지 않고, 이론을 실천으로 대체하고자 하고, 동료들과의 대화적 제약을 제외하고는 대화에 어떤 제약도 두지 않고, 삶의 우연성을 인정하는 자세를 갖는 것이다. 이런 자세는 실천을 강조한다. 이 실천은 궁극적으로 내가 속한 공동체를 보다 나은 곳으로 만들기 위한 것이다. 내가 거대한 관념의 노예가 아니고 주인이 될 때 이데올로기에 대한 맹신은 더 이상 설 땅이 없어진다. 이 세계를 보다 나은 곳으로 만드는 방법은 다양하지만 관념론자들은 그렇게 생각하지 않는다. 우리는 자신의 거대한 관념만 옳고 그것으로 세계를 변화시킬 수 있다는 주장이 커다란 재앙을 야기할 수도 있다는 것을 20세기에 이미 목격한 바 있다. 실용주의자 벌린에 의하면, 이 세계에서 최선의 희망, 즉 품위 있는 사회의 건설은 대안에 대하여 명확하게 사고하는 것, 즉 다양한 수단과 목적들 가운데 겸손하게 선택하고 선택이 잘못된 것으로 판명날 수도 있음을 전적으로 인식할 때 비로소 가능하다. 품위 있는 사회는 잔인함을 최소화하고 그 구성원들이 감내할 수 없는 선택을 강요받지 않도록 노력하는 사회다."

실용주의를 최초로 정식화한 퍼스를 읽으면서 이 괴팍한 천재가 미국이 아니라 영국이나 독일에서 태어났다면 그렇게 오래 묻혀 있지는 않았으리라는 생각을 해보았다.

한 손으로는 수학 문제를 적으면서 동시에 다른 손으로는 그 문제를 풀었다는 퍼스도 하버드대학이 유고를 구입하지 않았다면 철학사에 결코 등장하지 못했을 것이다.

말년에 끼니를 잇지 못해서 굶어죽는 생각까지 했다는 이 오만한 천재가 철학자의 전형으로 비추어질 수 있을까.

정해창 수필집

천천히 살면 떠오르는 것들

초판 1쇄 **인쇄** 2018년 12월 20일
초판 1쇄 **발행** 2018년 12월 26일

지은이 정해창
펴낸이 이재욱
펴낸곳 (주)새로운사람들
디자인 김명선
마케팅 관리 김종림

등록일 1994년 10월 27일
등록번호 제2-1825호
주소 서울 도봉구 덕릉로 54가길 25(우 01473)
전화 02)2237-3301
팩스 02)2237-3389
이메일 ssbooks@chol.com
홈페이지 http://www.ssbooks.biz

ISBN 978-89-8120-569-0(03810)

*책값은 뒤표지에 표시되어 있습니다.